金融控股类公司会计核算管理办法

主编 ◎ 席文良
副主编 ◎ 罗红生　罗建梅　张凡　杨小青

江西科学技术出版社
江西·南昌

图书在版编目(CIP)数据

金融控股类公司会计核算管理办法 / 席文良主编；罗红生等副主编. -- 南昌：江西科学技术出版社，2024.9. -- ISBN 978-7-5390-9104-4

Ⅰ.F832.3

中国国家版本馆CIP数据核字第2024E3R924号

金融控股类公司会计核算管理办法
JINRONG KONGGULEI GONGSI KUAIJI HESUAN GUANLI BANFA

席文良 主编

出版发行	江西科学技术出版社
社址	南昌市蓼洲街2号附1号
	邮编:330009　电话:(0791)86623491　86639342(传真)
印刷	江西骁翰科技有限公司
经销	全国新华书店
开本	720 mm×1000 mm　1/16
字数	250千字
印张	15.25
版次	2024年9月第1版
印次	2024年9月第1次印刷
书号	ISBN 978-7-5390-9104-4
定价	88.00元

国际互联网(Internet)地址:http://www.jxkjcbs.com　　选题序号:ZK2024191　　赣版权登字-03-2024-159
责任编辑:饶春垚　　　　　装帧设计:刘小萍
版权所有　侵权必究
(赣科版图书凡属印装错误,可向承印厂调换)

金融控股类公司会计核算办法
编委会

主　编：席文良

副主编：罗红生　罗建梅　张　凡　杨小青

编委会：徐应美　杨　琦　陈熙宇　钱小达　熊　莉

　　　　王珑玲　何秋炎　喻倩如　王　芬　刘雪峰

　　　　胡盼龙　黄　悦　王嘉婷　邹雯莉　陈　蕾

编 辑 说 明

在快速发展的金融市场中，金融控股类公司作为重要的金融机构，以独特的运营模式和业务特点日益凸显出其重要性和影响力。为了更好地规范金融控股类公司的会计核算工作，确保其财务报告的准确性和透明度，江西省金融控股集团有限公司（以下简称"江西金控"）特别制定了《金融控股类公司会计核算办法》（以下简称《办法》）。

本《办法》核心目标在于确立金融控股类公司在会计核算方面所应遵循的基本原则、采取的具体方法及其必须满足的相关要求，旨在为金融控股类公司构建一个清晰、统一的会计核算体系。通过精确规范金融控股类公司在会计核算过程中的各项行为，进一步促进金融控股类公司财务管理水平的专业化与标准化，从而为维护金融市场的稳定性和促进其持续健康发展提供坚实的制度支持。

本《办法》要求金融控股类公司在进行会计核算时，必须严格遵循国家相关法律法规及行业会计准则，确保财务报告的真实性、准确性和完整性。金融控股类公司需根据自身业务特点和实际情况，选择合适的会计政策，合理确认、计量和报告各项财务信息。《办法》还明确了金融控股类公司在会计核算过程中应关注的重要事项，如资产减值、公允价值计量、金融工具确认等，以指导金融控股类公司更准确地反映其财务状况和经营成果。

在制定《办法》的过程中，江西金控进行了深入研究和广泛借鉴，不仅学习了国际上先进的会计准则,也充分考虑了国内外会计核算实践经验。特别是针对我国金融控股类公司的特点和实际运作情况,我们进行了细致地分析和研究,力求使《办法》既能够与国际社会接轨,遵循国际惯例,又能够贴合我国的实际情况,体现我国特色。此外,为了确保《办法》的科学性和实用性,江西金控采取开放的态度,广泛征求业界专家和学者的意见。希望通过这种方式,能够集思广益,完善《办法》并提升其可操作性,使其更好地服务于金融控股类公司,如此也有利于我国金融市场的健康发展。

江西金控衷心希望各金融控股类公司能够通过学习和执行本《办法》的相关规定,以此提升公司会计核算工作的规范性和准确性。同时,江西金控也热忱欢迎业界人士能够积极地对《办法》提出宝贵的意见和建议。您的反馈将是江西金控不断完善和改进《办法》的重要依据。我们坚信,在业界人士的共同努力下,金融控股类公司的会计核算工作将更加规范、更加完善,并将有助于提高金融市场的整体健康水平,为金融市场的持续发展做出积极贡献。

为方便大家,我们将《办法》涉及的诸多表格以二维码的形式存储于线上,供免费下载使用。

编　者

2024 年 8 月

扫一扫,获取更多表格

目 录

1 引言
 1.1 目的 ·· 3
 1.2 适用范围 ·· 3
 1.3 编制依据 ·· 3
 1.4 释义 ·· 3
 1.5 基本原则 ·· 4

2 会计确认与计量
 2.1 资产 ·· 9
  2.1.1 金融资产 ·· 9
  2.1.2 长期股权投资 ·· 16
  2.1.3 投资性房地产 ·· 19
  2.1.4 固定资产 ·· 22
  2.1.5 无形资产 ·· 27
  2.1.6 存货 ·· 29
  2.1.7 商誉 ·· 30
  2.1.8 持有待售的非流动资产 ·· 30
  2.1.9 资产减值 ·· 31
  2.1.10 长期待摊费用 ·· 32
 2.2 负债 ·· 33

1

    2.2.1 金融负债 ·· 33
    2.2.2 借款费用 ·· 34
    2.2.3 应付债券 ·· 35
    2.2.4 预计负债 ·· 36
    2.2.5 应付职工薪酬 ······································ 36
    2.2.6 递延收益 ·· 40
    2.2.7 递延所得税负债 ·································· 41
  2.3 所有者权益 ·· 41
    2.3.1 实收资本 ·· 41
    2.3.2 其他权益工具 ······································ 41
    2.3.3 资本公积 ·· 42
    2.3.4 一般风险准备金 ·································· 42
  2.4 损益 ··· 43
    2.4.1 收入 ·· 43
    2.4.2 成本及期间费用 ·································· 44
  2.5 政府补助 ··· 45
  2.6 所得税 ··· 47
  2.7 保险合同 ··· 51
  2.8 租赁 ··· 54
  2.9 外币业务和外币报表折算 ·· 55
  2.10 或有事项 ··· 55
  2.11 会计政策、会计估计变更和差错更正 ···························· 57
    2.11.1 会计政策及变更 ································ 57
    2.11.2 会计估计及变更 ································ 59
    2.11.3 前期差错更正 ···································· 60
  2.12 资产负债表日后事项 ··· 61
  2.13 企业合并 ··· 63
  2.14 关联方披露 ··· 68

3 会计科目及使用说明

- 3.1 会计科目表 ·· 73
- 3.2 会计科目使用说明 ·· 76
  - 3.2.1 资产类 ·· 76
    - 1001 现金 ··· 76
    - 1002 银行存款 ····································· 77
    - 1005 期货保证金存款 ······························· 80
    - 1012 其他货币资金 ································· 80
    - 1031 存出保证金 ··································· 81
    - 1032 结算备付金 ··································· 82
    - 1101 交易性金融资产 ······························· 83
    - 1102 买入返售金融资产 ····························· 84
    - 1121 应收票据 ····································· 85
    - 1122 应收账款 ····································· 87
    - 1123 预付账款 ····································· 88
    - 1131 应收股利 ····································· 89
    - 1132 应收利息 ····································· 90
    - 1201 应收代偿款 ··································· 92
    - 1202 应收保费 ····································· 93
    - 1203 应收分保账款 ································· 93
    - 1204 应收货币保证金 ······························· 95
    - 1205 应收质押保证金 ······························· 96
    - 1206 应收结算担保金 ······························· 98
    - 1207 应收风险损失款 ······························· 99
    - 1210 应收手续费及佣金 ····························· 100
    - 1212 应收共保账款 ································· 100
    - 1213 应收分保未到期责任准备金 ····················· 102

1214 应收分保未决赔款准备金 ··· 102
1221 其他应收款 ··· 103
1231 坏账准备 ··· 104
1301 贷款 ·· 105
1303 贷款损失准备 ·· 106
1305 委托贷款 ··· 106
1402 在途物资 ··· 107
1403 原材料 ··· 107
1405 库存商品 ··· 108
1406 存货跌价准备 ·· 109
1463 其他流动资产 ·· 110
1464 其他流动资产减值准备 ·· 110
1473 合同资产 ··· 111
1474 合同资产减值准备 ··· 111
1481 持有待售资产 ·· 112
1482 持有待售资产减值准备 ·· 112
1503 债权投资 ··· 113
1504 债权投资减值准备 ··· 114
1506 其他债权投资 ·· 115
1507 其他债权投资减值准备 ·· 115
1508 其他权益工具投资 ··· 116
1509 其他权益工具投资减值准备 ··· 117
1510 其他非流动金融资产 ··· 117
1511 其他非流动金融资产减值准备 ··· 118
1512 长期股权投资 ·· 119
1513 长期股权投资减值准备 ·· 122
1514 期货会员资格投资 ··· 122
1531 长期应收款 ··· 123

1532 未实现融资收益 ………………………………………… 123

1540 投资性房地产 …………………………………………… 124

1541 投资性房地产累计折旧 ………………………………… 126

1542 投资性房地产减值准备 ………………………………… 127

1601 固定资产 ………………………………………………… 127

1602 在建工程 ………………………………………………… 129

1603 累计折旧 ………………………………………………… 131

1604 固定资产减值准备 ……………………………………… 131

1606 固定资产清理 …………………………………………… 132

1607 工程物资 ………………………………………………… 133

1608 融资租赁资产 …………………………………………… 133

1701 无形资产 ………………………………………………… 134

1702 累计摊销 ………………………………………………… 135

1703 无形资产减值准备 ……………………………………… 135

1704 使用权资产 ……………………………………………… 136

1705 使用权资产累计折旧 …………………………………… 137

1706 使用权资产减值准备 …………………………………… 137

1801 长期待摊费用 …………………………………………… 138

1811 递延所得税资产 ………………………………………… 138

1901 待处理财产损溢 ………………………………………… 139

3.2.2 负债类 ………………………………………………………… 140

2001 短期借款 ………………………………………………… 140

2002 存入保证金 ……………………………………………… 141

2005 应付货币保证金 ………………………………………… 142

2006 代理交易结算资金 ……………………………………… 143

2007 代理兑付债券款 ………………………………………… 143

2101 交易性金融负债 ………………………………………… 144

2125 应付分保账款 …………………………………………… 144

2201 应付票据 ·· 146

2202 应付账款 ·· 147

2203 预收账款 ·· 149

2204 合同负债 ·· 150

2205 应付利息 ·· 150

2206 卖出回购金融资产款 ·· 151

2211 应付职工薪酬 ··· 152

2221 应交税费 ·· 153

2230 应付手续费及佣金 ··· 156

2232 应付股利 ·· 157

2234 应付质押保证金 ·· 157

2235 期货风险准备金 ·· 159

2236 应付期货投资者保障基金 ··· 159

2238 代理买卖证券款 ·· 160

2241 其他应付款 ·· 160

2401 递延收益 ·· 162

2403 其他流动负债 ··· 162

2404 保险合同准备金 ·· 163

2501 长期借款 ·· 164

2502 应付债券 ·· 165

2701 长期应付款 ·· 166

2702 租赁负债 ·· 167

2801 预计负债 ·· 169

2901 递延所得税负债 ·· 169

2902 持有待售负债 ··· 170

3.2.3 所有者权益类 ·· 170

4001 实收资本 ·· 170

4002 资本公积 ·· 172

	4003 其他综合收益	174
	4004 其他权益工具	175
	4101 盈余公积	177
	4102 一般风险准备	177
	4103 本年利润	178
	4104 利润分配	178
	4105 担保扶持基金	179
3.2.4	成本类	180
	5001 研发支出	180
	5002 开发成本	180
	5003 合同履约成本	181
	5101 开发间接费	181
	5201 劳务成本	182
3.2.5	损益类	182
	6001 营业收入	182
	6002 利息收入	184
	6004 已赚保费	184
	6021 手续费及佣金收入	188
	6041 营业成本	189
	6042 利息支出	190
	6043 手续费及佣金支出	190
	6044 退保金	191
	6045 赔付支出净额	191
	6046 提取准备金净额	192
	6047 保单红利支出	194
	6048 分保费用	194
	6403 税金及附加	195
	6601 销售费用	195

6602 业务及管理费用 ··· 196

　　6603 研发费用 ··· 197

　　6604 财务费用 ··· 197

　　6605 公允价值变动损益 ··· 198

　　6701 资产减值损失 ·· 199

　　6703 信用减值损失 ·· 200

　　6704 资产处置损益 ·· 201

　　6706 投资收益 ··· 201

　　6707 其他收益 ··· 202

　　6708 营业外收入 ··· 203

　　6711 营业外支出 ··· 204

　　6801 所得税费用 ··· 205

　　6901 以前年度损益调整 ··· 205

4　财务报告

4.1　范围及基本要求 ·· 209

　　4.1.1　范围 ··· 209

　　4.1.2　财务报表列报的基本要求 ·· 209

4.2　财务报表列报格式及列报方法 ······························ 211

　　4.2.1　财务报表列报格式 ··· 211

　　4.2.2　财务报表列报方法 ··· 211

1 引 言

1.1 目的

为细化金融控股类公司会计核算内容,统一会计政策和会计估计,真实、完整地提供会计信息,确保企业的会计确认与计量,以及财务报告行为的制度化、规范化。

1.2 适用范围

本办法适用于金融控股类公司及下属各级子公司。

1.3 编制依据

根据《中华人民共和国会计法》《企业会计准则》《企业财务会计报告条例》《金融企业会计制度》及国家其他有关法律法规、规范性文件,制定本办法。

1.4 释义

公司:金融控股类公司。

企业:泛指公司总部及下属各级子公司等独立核算的会计主体。

账面价值:指某科目的账面余额减去相关的备抵项目后的净额。

账面余额:指某科目的账面实际余额,不扣除作为该科目备抵的项目(如累计折旧、相关资产的减值准备等)。

历史成本:又称实际成本,就是取得或制造某项财产物资时实际支付的现金或其他等价物。

重置成本:又称现行成本。是指按照当时市场条件,重新取得同样一项资产所需支付的现金或者现金等价物金额。

可变现净值:指在正常生产经营过程中,以预计售价减去进一步加工成本和预计销售费用以及相关税费后的净值。

现值:指对未来现金流量以恰当的折现率进行折现后的现值,是考虑货币时间价值的一种计量属性。

公允价值:指在公平交易中,熟悉情况的交易双方自愿进行资产交换或者债务清偿的金额。

1.5　基本原则

会计核算应当以企业持续、正常的生产经营活动为前提。会计核算应以企业发生的各项交易或事项为对象,记录和反映企业本身的各项生产经营活动,如实反映企业的财务状况、经营成果和现金流量。

会计核算应当划分会计期间、分期结算账目和编制财务会计报告。会计年度为公历1月1日起至12月31日止,会计期间分为年度、半年度、季度和月度,其均按公历起讫日期确定。半年度、季度和月度均称为会计中期,期末是指月末、季末、半年末和年末。

企业的会计核算以人民币为记账本位币。业务收支以人民币以外的货币为主的企业可以选定其中一种货币作为记账本位币,但是编报的财务会计报告应当折算为人民币。在境外设立的中国企业向国内报送的财务会计报告,应当折算为人民币。

企业应依法设置会计账簿,根据审核无误的会计凭证登记会计账簿,进行会计核算,实行会计监督。

企业应当按照交易或事项的经济实质进行会计核算,而不应当仅仅按照它们的法律形式作为会计核算的依据。

企业提供的会计信息应当能够反映企业的财务状况、经营成果和现金流量,以满足会计信息使用者的需要。

企业的会计核算方法前后各期应当保持一致,不得随意变更。如有必要变更,应当将变更的内容和理由、变更的累积影响数,以及累积影响数不能合理确定的理由等,在会计报表附注中予以说明。

企业的会计核算应当按照规定的会计处理方法进行,会计指标应当口径一致、相互可比。

企业的会计核算应当及时进行,不得提前或延后。

企业的会计核算和编制的财务会计报告应当清晰明了,便于理解和利用。

企业的会计核算应当以权责发生制为基础。凡是当期已经实现的收入和已经发生或应当负担的费用,不论款项是否收付,都应当作为当期的收入和费用;凡是不属于当期的收入和费用,即使款项已在当期收付,也不应当作为当期的收入和费用。

企业在进行会计核算时,收入与其成本、费用应当相互配比,同一会计期间内的各项收入和与其相关的成本、费用,应当在该会计期间内确认。

企业的各项财产在取得时应当按照实际成本计量。其后,各项财产如果发生减值,应当按照本制度规定计提相应的减值准备。除法律、行政法规和国家统一的会计制度另有规定的外,企业一律不得自行调整其账面价值。

企业的会计核算应当合理划分收益性支出与资本性支出的界限。凡支出的效益仅及于本年度(或一个营业周期)的,应当作为收益性支出;凡支出的效益及于几个会计年度(或几个营业周期)的,应当作为资本性支出。

企业在进行会计核算时,应当遵循谨慎性原则的要求,不得多计资产或收益、少计负债或费用,也不得计提秘密准备。

企业的会计核算还应当遵循重要性原则的要求,在会计核算过程中对交易或事项应当区别其重要程度,采用不同的核算方式。对资产、负债、损益等有较大影响,并进而影响财务会计报告使用者据以做出合理判断的重要会计事项,必须按照规定的会计方法和程序进行处理,并在财务会计报告中予以充分、准确地披露;对于次要的会计事项,在不影响会计信息真实性和不至于误导财务会计报告使用者作出正确判断的前提下,可适当简化处理。

企业应按本办法的规定设置和使用会计科目。在不影响会计核算要求、会计报表指标汇总以及对外提供统一的财务会计报告的前提下,可以根据实际情况自行增设、减少或合并某些会计科目。明细科目的设置,除本办法已有规定以外,在不违反国家统一的会计制度要求的前提下,企业可以根据需要自行确定。

企业应按月结算账目,按会计期间编制财务报告。对外报送的财务报告按财政部的统一规定执行;公司制定的补充会计报表,属于财务报告的组成部分,应按规定报送。

2

会计确认与计量

2.1 资产

2.1.1 金融资产

1. 金融资产的定义及分类

金融资产是指企业持有的现金、其他方的权益工具,以及符合下列条件之一的资产:

1)从其他方收取现金或其他金融资产的合同权利;

2)在潜在有利条件下,与其他方交换金融资产或金融负债的合同权利;

3)将来须用或可用企业自身权益工具进行结算的非衍生工具合同,且企业根据该合同将收到可变数量的自身权益工具;

4)将来须用或可用企业自身权益工具进行结算的衍生工具合同,但以固定数量的自身权益工具交换固定金额的现金或其他金融资产的衍生工具合同除外。

金融资产包括现金、银行存款、应收账款、应收票据、贷款、股权投资和债权投资、其他债权投资、其他权益工具投资等。根据管理金融资产的业务模式和金融资产的合同现金流量特征,将金融资产划分为:

1)以摊余成本计量的金融资产;

2)以公允价值计量且其变动计入其他综合收益的金融资产;

3)以公允价值计量且其变动计入当期损益的金融资产。

2. 金融资产的会计科目设置

1)货币资金

货币资金是指企业拥有的、以货币形式存在的资产,包括现金、银行存款和其他货币资金。

公司持有的现金资产,应在"现金"科目核算;持有的随时可动用的银行活期存款,应在"银行存款"科目核算;持有的不可随时动用的定期银行存款和存放于证券账户的货币资金,应在"其他货币资金"科目核算。

2)以摊余成本计量的金融资产

金融资产同时符合下列条件的,归类为以摊余成本计量的金融资产:(1)企业管理该金融资产的业务模式是以收取合同现金流量为目标;(2)该金融资产的合同条款规定,在特定日期产生的现金流量,仅为对本金的利息支付,以及以未偿付本金金额为基础的利息支付。

以摊余成本计量的金融资产,企业一般应当设置"应收账款""应收票据""其他应收款""债权投资"等科目核算。

应收账款:反映资产负债表日以摊余成本计量的,企业因销售商品、提供服务等经营活动应收取的款项。资产负债表日该科目期末余额,应减去"坏账准备"科目中已计提的坏账准备期末余额后的金额列示。

应收票据:反映资产负债表日以摊余成本计量的,企业因销售商品、提供服务等收到的商业汇票,包括银行承兑汇票和商业承兑汇票。资产负债表日,该科目期末余额应减去"坏账准备"科目中已计提的坏账准备期末余额后的金额列示。

其他应收款:应根据"应收利息""应收股利"和"其他应收款"科目余额合计数,减去"坏账准备"科目金额后的金额列示。

应收利息:反映公司投资的以摊余成本计量的金融工具已到期可收取但于资产负债表日尚未收到的利息。基于实际利率法计提的金融工具的利息应包含在相应金融工具的账面余额中。每月末应根据摊余成本和实际利率法计提当期应收未收利息,计入当期损益。债务人逾期支付本息时间在90天(含)以内的,按照摊余成本和实际利率正常计提利息,表内挂账;逾期超过90天的,不得再计提投资收益,表内挂账的应收利息应予冲销,转入表外核算。项目逾期后经批准进行债务重组,导致回款金额、日期、合同利率等发生变化的,应重新计算实际利率和未来现金流量现值,调整期初摊余成本,并继续按照实际利率法和摊余成本进行核算。项目逾期90天后,未能达成债务重组意向的,实际收到现金时,收回现金额应先冲抵债权本金和应计利息,收回现金额超过账面本金(已经计提的减值准备,应转回)和应计利息的部分确认为收益。同时,冲销表外登记的应收利息。

应收股利:根据投资的公司宣告未发放的股利。

债权投资:该科目反映资产负债表日企业以摊余成本计量的长期债权投资

的期末账面价值。该科目期末余额应减去债权投资减值准备后的金额列示,应在"一年内到期的非流动资产"行项目反映。企业购入的以摊余成本计量的一年内到期的债权投资的期末账面价值,在"其他流动资产"科目反映。

3) 以公允价值计量且其变动计入其他综合收益的金融资产

金融资产同时符合下列条件的,分类为以公允价值计量且其变动计入其他综合收益的金融资产:①企业管理该金融资产的业务模式既以收取合同现金流量为目标,又以出售该金融资产为目标;②该金融资产的合同条款规定,在特定日期产生的现金流量,仅为对本金和以未偿付本金金额为基础的利息支付。

以公允价值计量且其变动计入其他综合收益的金融资产,企业一般应当设置"其他债权投资""其他权益工具投资"科目核算。

其他债权投资:持有债权的目的既有收取合同现金流,又有出售而持有的金融资产,反映以公允价值计量且其变动计入其他综合收益的长期债权投资。

其他权益工具投资:指非交易性权益工具且并非企业在非同一控制下企业合并中涉及或有对价形成的权益工具,如债转股形成的权益工具、抵债股权等。

4) 以公允价值计量且其变动计入当期损益的金融资产

分类为以公允价值计量且其变动计入当期损益的金融资产,以及企业持有的指定为以公允价值计量且其变动计入当期损益的金融资产。企业应当设置"交易性金融资产"科目核算。

自资产负债表日起超过一年到期且预期持有超过一年的以公允价值计量且其变动计入当期损益的金融资产,在"其他非流动金融资产"科目核算。

3. 金融资产的确认和计量

金融资产在初始确认时以公允价值计量。对于以公允价值计量且其变动计入当期损益的金融资产或金融负债,相关交易费用直接计入当期损益;对于其他类别的金融资产或金融负债,相关交易费用计入初始确认金额。

1) 以摊余成本计量的金融资产

公司管理以摊余成本计量的金融资产的业务模式是以收取合同现金流量为目标,且此类金融资产的合同现金流量特征与基本借贷安排一致,即在特定日期产生的现金流量,仅为对本金和以未偿付本金金额为基础的利息支付。公司对于此类金融资产,采用实际利率法,按照摊余成本进行后续计量,其摊销或减值产生的利得或损失,计入当期损益。

2) 以公允价值计量且其变动计入其他综合收益的金融资产

公司管理此类金融资产的业务模式为既以收取合同现金流量为目标,又以出售该金融资产为目标,且此类金融资产的合同现金流量特征与基本借贷安排一致。公司对此类金融资产按照公允价值计量且其变动计入其他综合收益,但减值损失或利得、汇兑损益和按照实际利率法计算的利息收入计入当期损益。

此外,公司将部分非交易性权益工具投资指定为以公允价值计量且其变动计入其他综合收益的金融资产。公司将该类金融资产的相关股利收入计入当期损益,公允价值变动计入其他综合收益。当该金融资产终止确认时,之前计入其他综合收益的累计利得或损失将从其他综合收益转入留存收益,不计入当期损益。

3) 以公允价值计量且其变动计入当期损益的金融资产

公司将上述以摊余成本计量的金融资产和以公允价值计量且其变动计入其他综合收益的金融资产之外的金融资产,归类为以公允价值计量且其变动计入当期损益的金融资产。此外,在初始确认时,为了消除或显著减少会计错配,将部分金融资产指定为以公允价值计量且其变动计入当期损益的金融资产。

对于此类金融资产,采用公允价值进行后续计量,公允价值变动计入当期损益。

4. 金融资产转移的确认依据和计量方法

满足下列条件之一的金融资产,予以终止确认:收取该金融资产现金流量的合同权利终止;该金融资产已转移,且将金融资产所有权上几乎所有的风险和报酬转移给转入方;该金融资产已转移,虽然企业既没有转移,也没有保留金融资产所有权上几乎所有的风险和报酬,但是放弃了对该金融资产的控制。

若企业既没有转移,也没有保留金融资产所有权上几乎所有的风险和报酬,且未放弃对该金融资产控制的,则按照其继续涉入所转移金融资产的程度确认有关金融资产,并相应确认有关金融负债。继续涉入所转移金融资产的程度,是指该金融资产价值变动企业面临的风险水平。

金融资产整体转移满足终止确认条件的,将所转移金融资产的账面价值及因转移而收到的对价与原直接计入其他综合收益的公允价值变动累计额之和的差额计入当期损益。

金融资产部分转移满足终止确认条件的,将所转移金融资产的账面价值,在终止确认部分和未终止确认部分之间按各自的相对的公允价值进行分摊,并将因转移而收到的对价与应分摊至终止确认部分的原计入其他综合收益的公允价值变动累计额之和与分摊的前述账面金额之差额计入当期损益。

公司对采用附追索权方式出售的金融资产,或将持有的金融资产背书转让,需确定该金融资产所有权上几乎所有的风险和报酬是否已经转移。若已将该金融资产所有权上几乎所有的风险和报酬转移给转入方的,终止确认相关金融资产;若保留了金融资产所有权上几乎所有的风险和报酬的,不终止确认相关金融资产;若既没有转移,也没有保留金融资产所有权上几乎所有的风险和报酬,则继续判断企业是否对该资产保留了控制,并根据前面各段所述的原则进行会计处理。

5.金融资产减值

公司需确认减值损失的金融工具系以摊余成本计量的金融资产(含应收款项),以公允价值计量且其变动计入其他综合收益的债务工具投资、租赁应收款,主要包括应收票据、应收账款、其他应收款、债权投资、其他债权投资等。此外,对部分财务担保合同,也应按照本部分所述会计政策计提减值准备和确认信用减值损失。

公司以预期信用损失为基础,对上述各项目按照其适用的预期信用损失计量方法计提减值准备并确认信用减值损失。公司各类金融资产减值准备确定方法,按照相关制度执行。

信用损失,是指按照原实际利率折现的、根据合同应收的所有合同现金流量与预期收取的所有现金流量之间的差额,即全部现金短缺的现值。其中,对于购买或源生的已发生信用减值的金融资产,应按照该金融资产经信用调整的实际利率折现。

预期信用损失计量的一般方法是指,公司在每个资产负债表日评估金融资产的信用风险自初始确认后是否已经显著增加,如果信用风险自初始确认后已显著增加,按照相当于整个存续期内预期信用损失的金额计量损失准备;如果信用风险自初始确认后未显著增加,按照相当于未来12个月内预期信用损失的金额计量损失准备。公司在评估预期信用损失时,应考虑所有合理且有依据的信息,包括前瞻性信息。

对于在资产负债表日具有较低信用风险的金融工具,假设其信用风险自初始确认后并未显著增加,也按照未来12个月内预期信用损失的金额计量损失准备。

如果某项金融资产在资产负债表日确定的预计存续期内的违约概率显著高于在初始确认时确定的预计存续期内的违约概率,则表明该项金融资产的信用风险显著增加。除特殊情况外,采用未来12个月内发生的违约风险的变化作为整个存续期内发生违约风险变化的合理估计,来确定企业金融资产自初始确认后信用风险是否显著增加。

期末公司计算各类金融资产的预计信用损失,如果该预计信用损失大于其当前减值准备的账面金额,将其差额确认为减值损失;如果小于其当前减值准备的账面金额,则将差额确认为减值利得。

对于单项评估信用风险的金融资产,公司选择始终按照相当于存续期内预期信用损失的金额计量损失准备。

公司对单项评估未发生信用减值的金融资产,基于其信用风险特征,将其划分为不同组合,见表1。

表1 信用风险特征组合的确定依据及计提方法

项目	计提方法	确定组合的依据
组合1 (风险分类组合)	参考历史信用损失经验,结合当前状况以及对未来经济状况的预测,编制应收账款账龄与整个存续期预期信用损失率对照表,按照风险类型计算预期信用损失	保理业务、资管业务等金融、类金融业务所产生的应收款项或金融资产组合,等等

续表

项目	计提方法	确定组合的依据
组合2（低风险组合）	参考历史信用损失经验,结合当前状况以及对未来经济状况的预测,根据违约风险敞口和整个存续期预期信用损失率,该组合预期信用损失率为0%	据业务性质而言,对于有保证措施的应收款项,认定为无信用风险,主要包括应收政府部门的款项、已提供担保的应收款项、员工的备用金、保证金及押金等
组合3（关联方组合）	参考历史信用损失经验,结合当前状况以及对未来经济状况的预测,根据违约风险敞口和整个存续期预期信用损失率,该组合预期信用损失率为0%	关联方的应收款项
组合4（账龄组合）	参考历史信用损失经验,结合当前状况以及对未来经济状况的预测,编制应收账款账龄与整个存续期预期信用损失率对照表,计算预期信用损失	包括除下述组合之外的应收款项
组合5（其他组合）	参考历史信用损失经验,结合当前状况以及对未来经济状况的预测,根据违约风险敞口和整个存续期预期信用损失率,计算预期信用损失	其他非重要信用风险特征组合的应收款项

其中组合1(风险分类组合)预期信用损失率,见表2。

表2 组合1(风险分类组合)预期信用损失率

分类	应收账款预期信用损失率(%)	其他应收款预期信用损失率(%)
正常类	0	0
关注类	5(含)—10	5(含)—10
次级类	10(含)—30	10(含)—30
可疑类	30(含)—80	30(含)—80
损失类	80(含)—100	80(含)—100

其中组合4(账龄组合)预期信用损失率,见表3。

表3 组合4(账龄组合)预期信用损失率

账龄	应收账款预期信用损失率(%)	其他应收款预期信用损失率(%)
1年以内(含1年)	0	0
1—2年(含2年)	10	10
2—3年(含3年)	20	20
3—4年(含4年)	30	30
4—5年(含5年)	50	50
5年以上	100	100

对应收票据、预付账款、应收利息等其他应收款项,根据其未来现金流量现值低于其账面价值的差额计提坏账准备。

按组合方式实施信用风险评估时,根据金融资产组合结构及类似信用风险特征(债务人根据合同条款偿还欠款的能力),结合历史违约损失经验及目前经济状况,考虑前瞻性信息,以预计存续期基础计量其预期信用损失,确认金融资产的损失准备。

2.1.2 长期股权投资

1. 长期股权投资的范围

1) 子公司投资,是指企业能够对被投资单位实施控制的权益性投资。

2) 合营企业投资,是指企业与其他合营方一同对被投资单位实施共同控制且对被投资单位净资产享有权利的权益性投资。

3) 联营企业投资,是指企业对被投资单位具有重大影响的权益性投资。

2. 长期股权投资的计量

1) 长期股权投资的初始计量。

公司根据下列两种情况对长期股权投资进行初始计量。

①企业合并形成的长期股权投资,按照下列规定确定其初始投资成本:同一控制下的企业合并中,合并方以支付现金、转让非现金资产或承担债务方式作为合并对价的,在合并日按照被合并方所有者权益在最终控制方合并财务报表中

的账面价值的份额作为长期股权投资的初始投资成本。长期股权投资初始投资成本与支付的现金、转让的非现金资产以及所承担债务账面价值之间的差额,应当调整资本公积;资本公积不足冲减的,应调整留存收益。购买方为进行企业合并发生的各项直接相关费用,包括为进行企业合并而支付的审计费用、评估费用、法律服务费用等,于发生时计入合并成本。

②非同一控制下的企业合并中,公司区别下列情况确定合并成本:一次交换交易实现的企业合并,合并成本为购买方在购买日为取得对被购买方的控制权而付出的资产、发生或承担的负债以及发行的权益性证券的公允价值之和。通过多次交换交易分步实现的企业合并,以购买日之前所持被购买方的股权投资的账面价值与购买日新增投资成本之和,作为该项投资的初始投资成本;为企业合并发生的审计、法律服务、评估咨询等中介费用以及其他相关管理费用,于发生时计入合并成本;在合并合同或协议中对可能影响合并成本的未来事项做出约定的,购买日如果估计未来事项很可能发生并且对合并成本的影响金额能够可靠计量的,将其计入合并成本。

除企业合并形成的长期股权投资以外,其他方式取得的长期股权投资,按照下列规定确定其初始投资成本:

以支付现金取得的长期股权投资,按照实际支付的购买价款作为初始投资成本。初始投资成本包括与取得长期股权投资直接相关的费用、税金及其他必要支出。

通过非货币性资产交换取得的长期股权投资,其初始投资成本按照《企业会计准则第7号——非货币性资产交换》确定。

通过债务重组取得的长期股权投资,其初始投资成本按照《企业会计准则第12号——债务重组》确定。

无论是以何种方式取得长期股权投资,取得投资时,对于支付的对价中包含的应享有被投资单位已经宣告但尚未发放的现金股利或利润都作为应收项目单独核算,不构成取得长期股权投资的初始投资成本。

2)长期股权投资的后续计量

企业持有的能够对被投资单位实施控制的长期股权投资,在个别财务报表中采用成本法核算。对被投资单位实施共同控制或具有重大影响的长期股权投资,采用权益法核算。

采用成本法核算的长期股权投资按照初始投资成本计价。企业追加或收回投资应调整长期股权投资的账面价值。被投资单位宣告分派的现金股利或利润,确认为当期投资收益。

采用权益法核算的长期股权投资,其初始投资成本大于投资时应享有被投资单位可辨认净资产公允价值份额的,不调整长期股权投资的初始投资成本;长期股权投资的初始投资成本小于投资时应享有被投资单位可辨认净资产公允价值份额的,其差额计入当期损益,同时调整长期股权投资的初始投资成本。

取得长期股权投资后,按照应享有或应分担的被投资单位实现的净损益和其他综合收益的份额,分别确认投资收益和其他综合收益,同时调整长期股权投资的账面价值;按照被投资单位宣告分派的利润或现金股利计算应享有的部分,相应减少长期股权投资的账面价值;对于被投资单位除净损益、其他综合收益和利润分配以外的所有者权益的其他变动,应调整长期股权投资的账面价值并计入所有者权益。在确认应享有被投资单位净损益的份额时,以取得投资时被投资单位可辨认净资产的公允价值为基础,对被投资单位的净利润进行调整后确认。被投资单位采用的会计政策及会计期间与公司不一致的,按照公司的会计政策及会计期间对被投资单位的财务报表进行调整,并据以确认投资收益和其他综合收益等。确认被投资单位发生的净亏损,以长期股权投资的账面价值以及其他实质上构成对被投资单位净投资的长期权益减记至零为限,公司负有承担额外损失义务的除外。被投资单位以后实现净利润的,公司在其收益分享额弥补未确认的亏损分担额后,恢复确认收益分享额。

计算确认应享有或应分担被投资单位的净损益时,与联营企业、合营企业之间发生的未实现内部交易损益按照应享有的比例计算归属于公司的部分,予以抵销,在此基础上确认投资收益。公司与被投资单位发生的未实现内部交易损失属于资产减值损失的,予以全额确认。

公司对联营企业的权益性投资,其中一部分通过风险投资机构、共同基金、信托公司,以及包括投连险基金在内的类似主体间接持有的,无论以上主体是否对这部分投资具有重大影响,公司都按照《企业会计准则第 22 号——金融工具确认和计量》的有关规定,对间接持有的该部分投资选择以公允价值计量且其变动计入损益,并对其余部分采用权益法核算。

处置长期股权投资,其账面价值与实际取得价款的差额,计入当期损益。采用权益法核算的长期股权投资,在处置该项投资时,采用与被投资单位直接处置相关资产或负债相同的基础,按相应比例对原计入其他综合收益的部分进行会计处理。

3) 确定对被投资单位实施共同控制或具有重大影响的依据

共同控制,是指投资方按照相关约定对某项安排所共有的控制,并且该安排的相关活动必须经过分享控制权的参与方一致同意后才能决策。重大影响,是指投资方对被投资单位的财务和经营政策有参与决策的权力,但并不能够控制或者与其他方一起共同控制这些政策的制定。在确定能否对被投资单位实施控制或施加重大影响时,同时考虑公司和其他方持有的被投资单位当期可转换债券、当期可执行认股权证等潜在表决权因素。

2.1.3 投资性房地产

1. 投资性房地产的范围

指为赚取租金或资本增值,或两者兼有而持有的房地产。投资性房地产应当能够单独计量和出售。具体包括下列投资性房地产:已出租的土地使用权、持有并准备增值后转让的土地使用权和已出租的建筑物。

企业自用房地产以及房地产公司作为存货的房地产属于经营活动,不属于本章规范的内容。

2. 投资性房地产的确认

投资性房地产同时满足下列条件的,才能予以初始确认:该投资性房地产包含的经济利益很可能流入企业;该投资性房地产的成本能够可靠计量。

企业为了扩建、部分替代或维护经营房地产发生的购置或建造费用,满足上述初始确认条件时,应计入投资性房地产成本。

3.投资性房地产的计量

1)投资性房地产的初始计量

企业取得的投资性房地产,应当按照取得时的成本进行初始计量。

外购投资性房地产的成本,包括购买价款、相关税费和可直接归属于该资产的其他支出。

自行建造投资性房地产的成本,由建造该项资产达到预定可使用状态前所发生的必要支出构成,包括土地开发费、建安成本、应予以资本化的借款费用、支付的其他费用和分摊的间接费用等。建造过程中发生的非正常性损失直接计入当期损益,不计入建造成本。

投资者投入投资性房地产的成本,应当按照投资合同或协议约定的价值确定,但合同或协议约定价值不公允的除外。

在非货币性资产交换具备商业实质和换入资产或换出资产的公允价值能够可靠计量的前提下,非货币性资产交换换入的投资性房地产通常以换出资产的公允价值为基础确定其入账价值,除非有确凿证据表明换入资产的公允价值更加可靠;不满足上述前提的非货币性资产交换,以换出资产的账面价值和应支付的相关税费作为换入投资性房地产的成本。

企业以换取投资性房地产为目的,将土地使用权投资房地产开发项目的,企业在首次取得该项投资性房地产时,按上述非货币性资产交换方式进行计量。

通过债务重组取得债务人用以抵债的投资性房地产,以该投资性房地产的公允价值为基础确定入账价值。

通过同一控制下的企业吸收合并方式取得的投资性房地产,按被合并方的账面价值确定入账价值;通过非同一控制下企业吸收合并方式取得的投资性房地产按公允价值确定入账价值。

2)投资性房地产的后续计量

企业应在资产负债表日采用成本模式对投资性房地产进行后续计量。

在有确凿证据表明投资性房地产的公允价值能够持续可靠取得,并同时满足特定条件时,可对投资性房地产采用公允价值模式进行后续计量。但是,同一企业只能采用同一种模式对所有投资性房地产进行后续计量,不得同时采用两种计量模式。

(1) 成本模式计量

对按照成本模式计量的投资性房地产采用与企业固定资产、无形资产相同的折旧或摊销政策。资产负债表日投资性房地产按成本与可收回金额孰低计价,可收回金额低于成本的,按两者的差额计提减值准备。

资产减值损失一经确认,以后期间不得转回。

(2) 公允价值模式计量

采用公允价值模式计量的前提条件有:

①投资性房地产所在地有活跃的房地产交易市场;

②企业能够从房地产交易市场上取得同类或类似房地产的市场价格及其他相关信息,从而对投资性房地产的公允价值做出合理的估计。

采用公允价值模式计量的,不对投资性房地产计提折旧或进行摊销,应当以资产负债表日投资性房地产的公允价值为基础调整其账面价值,公允价值与原账面价值之间的差额计入当期损益。

企业对投资性房地产的计量模式一经确定,不得随意变更。如从成本模式转为公允价值模式,应事先向公司申请,待公司批准后视为会计政策变更进行会计处理。已采用公允价值模式计量的投资性房地产,不得从公允价值模式转为成本模式。

3) 投资性房地产的转换和处置

企业有确凿证据表明房地产用途发生改变,满足下列条件之一的,应当向公司提出申请,待公司批准后,将投资性房地产转换为其他资产或者将其他资产转换为投资性房地产:

(1) 投资性房地产开始自用;

(2) 作为存货的房地产,改为出租;

(3) 自用土地使用权停止自用,用于赚取租金或资本增值;

(4) 自用建筑物停止自用,改为出租。

在成本模式下,应当将房地产转换前的账面价值作为转换后的入账价值。

采用公允价值模式计量的投资性房地产转换为自用房地产时,应当以其转换当日的公允价值作为自用房地产的账面价值,公允价值与原账面价值的差额计入当期损益。

自用房地产或存货转换为采用公允价值模式计量的投资性房地产时,投资性房地产按照转换当日的公允价值计价,转换当日的公允价值小于原账面价值的,其差额计入当期损益;转换当日的公允价值大于原账面价值的,其差额计入所有者权益。

2.1.4 固定资产

1. 固定资产的定义

固定资产是指企业为生产商品、提供劳务、出租、经营管理而持有的,并且使用年限超过一年,与该资产有关的经济利益很可能流入公司且其成本能够可靠计量的有形资产。

2. 固定资产的分类

公司固定资产分为:房屋及建筑物、交通运输类、办公设备、电子设备、通信设备、电器设备、安全保卫设备、办公家具等。

3. 固定资产的确认

固定资产满足以下条件时予以确认:①与该固定资产有关的经济利益很可能流入企业;②该固定资产的成本能够可靠地计量;③单价2000元以上,且使用期限1年以上。

固定资产的各组成部分具有不同使用寿命或者以不同方式为企业提供经济利益,适用不同折旧率或折旧方法的,应当分别将各组成部分确认为单项固定资产。

购置计算机硬件所附带的、未单独计价的软件,与所购置的计算机硬件一并作为固定资产管理。

已达到预定可使用状态但尚未办理竣工决算手续的固定资产,可先按估计价值记账,待确定实际价值后,再进行调整。

4. 固定资产的初始计量

企业取得固定资产应按其实际成本入账,固定资产的实际成本是指构建某项固定资产达到预定可使用状态前所发生的一切合理、必要的支出。包括直接发生的价款、相关税费、运杂费、包装费和安装成本等，以及间接发生的，如应承担的借款利息、外币借款折算差额以及应分摊的其他间接费用。

购置的不需要经过建造过程即可使用的固定资产，按实际支付的买价、包装费、运输费、安装成本以及交纳的有关税金等，作为入账价值。

自行建造的固定资产，按建造该项资产达到预定可使用状态前所发生的全部支出，作为入账价值。

投资者投入的固定资产，按投资各方确认的价值，作为入账价值。

在原有固定资产的基础上进行改建、扩建的，按原固定资产的账面价值，加上由于改建、扩建而使该项资产达到预定可使用状态前所发生的支出，减去改建、扩建过程中发生的变价收入，作为入账价值。

公司接受的债务人以非现金资产抵偿债务方式取得的固定资产，或以应收债权换入固定资产的，按应收债权的账面价值加上应支付的相关税费，作为入账价值。涉及补价的，按以下规定确定受让的固定资产的入账价值：

1）收到补价的，按应收债权的账面价值减去补价，加上应支付的相关税费，作为入账价值。

2）支付补价的，按应收债权的账面价值加上支付的补价和应支付的相关税费，作为入账价值。

以非货币性交易换入的固定资产，按换出资产的账面价值加上应支付的相关税费，作为入账价值。涉及补价的，按以下规定确定换入固定资产的入账价值：

1）收到补价的，按换出资产的账面价值加上应确认的收益和应支付的相关税费减去补价后的余额，作为入账价值；

2）支付补价的，按换出资产的账面价值加上应支付的相关税费和补价，作为入账价值。

接受捐赠的固定资产，应按以下规定确定其入账价值：

1）捐赠方提供了有关凭据的，按凭据上标明的金额加上应支付的相关税费，作为入账价值；

2）捐赠方没有提供有关凭据的，按如下顺序确定其入账价值：同类或类似固定资产存在活跃市场的,按同类或类似固定资产的市场价格估计的金额,加上应支付的相关税费,作为入账价值;同类或类似固定资产不存在活跃市场的,按该接受捐赠的固定资产的预计未来现金流量现值,作为入账价值;如受赠的系旧的固定资产,按照上述方法确定的价值,减去按该项资产的新旧程度估计的价值损耗后的余额,作为入账价值。

盘盈的固定资产,按同类或类似固定资产的市场价格,减去按该项资产的新旧程度估计的价值损耗后的余额,作为入账价值。

经批准公司内无偿调入的固定资产,按调出公司的账面价值加上发生的运输费、安装费等相关费用,作为入账价值。

5.固定资产的后续计量

1)固定资产的折旧

固定资产折旧是指在固定资产的使用寿命内,按照确定的方法对应计折旧额进行系统分摊。应计折旧额是指应计提折旧的固定资产原价减去预计净残值后的余额;如果已对固定资产计提减值准备的,还应当扣除已计提的固定资产减值准备。

企业根据固定资产的性质和使用情况,确定的固定资产类别、使用寿命、预计净残值等。各类固定资产的预计使用年限、净残值率,见表4。

表4 各类固定资产的预计使用年限、净残值率

类别名称	预计使用年限	净残值率(%)
房屋及建筑物	30	5.00
交通运输类	6	5.00
办公设备	5	5.00
电子设备	3	5.00
通信设备	5	5.00
电器设备	5	5.00
安全保卫设备	5	5.00
办公家具	5	5.00

企业应根据该表的规定对固定资产计提折旧,并根据固定资产的用途将计

提的折旧计入相关资产的成本或者当期损益。固定资产的使用寿命、预计净残值一经确定,不得随意变更。

除已提足折旧仍继续使用的固定资产之外,固定资产折旧采用年限平均法分类计提,根据固定资产类别、预计使用寿命和预计净残值率确定折旧率。

利用专项储备支出形成的固定资产,按照形成固定资产的成本冲减专项储备,并确认相同金额的累计折旧。该固定资产在以后期间不再计提折旧。

根据固定资产的性质和使用情况,确定固定资产的使用寿命和预计净残值。并在年度终了,对固定资产的使用寿命、预计净残值和折旧方法进行复核,如与原先估计数存在差异的,应进行相应的调整。

2)固定资产的后续支出

固定资产后续支出包括固定资产使用过程中发生的更新改造支出、修理费用等。与固定资产有关的更新改造等后续支出,符合资本化条件的,应当计入固定资产成本,同时将被替换部分的账面价值扣除;与固定资产有关的修理费用等后续支出,不符合固定资产确认条件的,在发生时计入管理费用、销售费用等。

(1)资本化的后续支出

固定资产发生可资本化的后续支出时,应将该固定资产的原价、已计提的累计折旧和减值准备转销,将固定资产的账面价值转入在建工程,并停止计提折旧。发生的后续支出,通过"在建工程"科目核算。在固定资产发生的后续支出完工并达到预定可使用状态时,再从在建工程转为固定资产,并按重新确定的使用寿命、预计净残值和折旧方法计提折旧。

(2)费用化的后续支出

与固定资产有关的修理费用等后续支出,不符合固定资产确认条件的,在发生时计入管理费用或销售费用。对于处于修理、更新改造过程而停止使用的固定资产,如果其修理、更新改造支出不满足固定资产的确认条件的,在发生时直接计入当期损益,不得采取预提和待摊方式处理。

3)固定资产的减值

企业固定资产的可收回金额低于其账面价值时,即表明资产发生了减值,企业应当确认资产减值损失,并把资产的账面价值减记至可收回金额。当存在下

列情况之一时,按照该项固定资产的账面价值全额计提固定资产减值准备:

①长期闲置不用,在可预见的未来不会再使用,且已无转让价值的固定资产;

②由于技术进步等原因,已不可使用的固定资产;

③虽然固定资产尚可使用,但使用后产生大量不合格品的固定资产;

④已遭毁损,以至于不再具有使用价值和转让价值的固定资产;

⑤其他实质上已经不能再给公司带来经济利益的固定资产。已全额计提减值准备的固定资产,不再计提折旧。

资产减值损失一经确认,在以后会计期间不得转回,以前期间计提的资产减值准备,在资产处置、出售、对外投资、以非货币性资产交换方式换出、在债务重组中抵偿债务等时,才可以转出。

4)固定资产的终止确认

满足以下条件时,固定资产的账面金额应当终止确认:

长期闲置不用,在可预见的未来不会再使用,且无转让价值的固定资产,资产管理部门已提供资产无使用价值和转让价值的论证报告的;

由于技术进步等原因按国家法规文件应强制淘汰,且不可使用的固定资产,已取得国家有关强制淘汰设备文件的;

因自然灾害、意外事故等原因已遭毁损,不再具有使用价值和转让价值的固定资产,如果未参加保险的,已取得技术监督、公安、消防等相关部门鉴定的;已参加保险的,取得保险公司和有关责任人的理赔单据的;

因本身原因,使用将产生大量不合格产品,并无转让价值的固定资产,已取得生产部门提供的大量不合格产品生产记录的;

其他实质上已经不能再带来经济利益的固定资产,已取得相关证明材料的。

持有待售的固定资产,应当对其预计净残值进行调整。使该项固定资产的预计净残值能够反映其公允价值减去处置费用后的金额,但不得超过符合持有待售条件时该项固定资产的原账面价值,原账面价值高于预计净残值的差额,应作为资产减值损失计入当期损益。

6.融资租入的固定资产

公司在租入的固定资产实质上转移了与其资产有关的全部风险和报酬时,

确认该项固定资产的租赁为融资租赁。

融资租赁取得的固定资产的成本,按租赁开始日租赁资产公允价值与最低租赁付款额现值两者中较低者确定。

融资租入的固定资产采用与自有应计折旧资产相一致的折旧政策。能够合理确定租赁期届满时取得租赁资产所有权的,在租赁资产尚可使用年限内计提折旧;无法合理确定租赁期届满时能够取得租赁资产所有权的,在租赁期与租赁资产尚可使用年限两者中从较短的期间内计提折旧。

2.1.5 无形资产

1. 无形资产的确认

无形资产,是指企业拥有或者控制的没有实物形态的可辨认非货币性资产。某个项目符合无形资产的定义,并同时满足下列两项条件时才能确认为无形资产:①与该资产相关的预计未来经济利益很可能流入企业;②该资产的成本能够可靠计量。

无形资产主要包括专利权、非专利技术、商标权、著作权、特许权以及土地使用权等。

2. 无形资产的计量

1) 无形资产的初始计量

按实际支付的金额或确定的价值入账。

购买无形资产的价款超过正常信用条件延期支付的,实质上具有融资性质,无形资产的成本以购买价款的现值为基础确定。实际支付的价款与购买价款的现值之间的差额,除按照规定应予资本化的以外,应当在信用期间内计入当期损益。

投资者投入的无形资产,按照投资合同或协议约定的价值作为成本,但合同或协议约定价值不公允的除外。

公司内部研究开发项目的支出,区分研究阶段支出与开发阶段支出。研究是指为获取并理解新的科学或技术知识而进行的独创性的有计划调查。开发是指在进行商业性生产或使用前,将研究成果或其他知识应用于某项计划或设计,以生产出新的或具有实质性改进的材料、装置、产品等。

内部研究开发项目研究阶段的支出,于发生时计入当期损益。

内部研究开发项目开发阶段的支出,同时满足下列条件的确认为无形资产:①完成该无形资产以使其能够使用或出售在技术上具有可行性;②具有完成该无形资产并使用或出售的意图;③无形资产产生经济利益的方式,包括能够证明运用该无形资产生产的产品存在市场或无形资产自身存在市场,无形资产将在内部使用的,应当证明其有用性;④有足够的技术、财务资源和其他资源支持,以完成该无形资产的开发,并有能力使用或出售该无形资产;⑤归属于该无形资产开发阶段的支出能够可靠地计量。

2)无形资产的后续计量

无形资产应以成本减去累计摊销额和累计减值损失后的余额计量。公司使用寿命有限的无形资产,自该无形资产可供使用时起在使用寿命期内平均摊销。使用寿命不确定的无形资产不予摊销。无形资产摊销金额为其成本扣除预计残值后的金额,已计提减值准备的无形资产,还需扣除已计提的无形资产减值准备累计金额。主要无形资产预计使用年限及净残值率,见表5。

表5 主要无形资产预计使用年限及净残值率

类别编码	类别名称	预计使用年限	净残值率(%)
201	专利权	10	0.00
202	商标权	10	0.00
203	著作权	10	0.00
204	土地使用权	40	0.00
205	软件	10	0.00
206	非专利技术	10	0.00
207	特许权	10	0.00

企业无形资产的可收回金额低于其账面价值时,即表明资产发生了减值,企业应当确认资产减值损失,并把资产的账面价值减记至可收回金额。资产减值损失一经确认,在以后会计期间不得转回,以前期间计提的资产减值准备,在资产处置、出售、对外投资、以非货币性资产交换方式换出、在债务重组中抵偿债务等时,才可以转出。

当存在以下情形时,表明无形资产发生了减值:

①某项无形资产已被其他新技术等所替代,使其为企业创造经济利益的能力受到重大不利影响;

②某项无形资产的市价在当期大幅下跌,在剩余摊销年限内预期不会恢复;

③某项无形资产已超过法律保护期限,但仍然具有部分使用价值;

④其他足以证明某项无形资产实质上已经发生了减值的情形。

(2)无形资产存在下列情形时,应将其账面价值全部转入当期损益:

①已被其他新技术所替代,并已无使用价值和转让价值;

②已超过法律保护期限,并且已不能为企业带来经济利益;

③有确凿证据表明已经丧失了使用价值和转让价值。

2.1.6 存货

1. 存货的分类

存货主要包括原材料、在产品、库存商品、低值易耗品以及包装物等。

2. 存货取得和发出存货的计价方法

存货在取得时,按成本进行初始计量,包括采购成本、加工成本和其他成本等。存货发出时按先进先出法(或选择加权平均法、个别认定法等)计价。

3. 期末存货的计量

资产负债表日,存货按成本与可变现净值孰低计量,存货成本高于其可变现净值的,计提存货跌价准备,计入当期损益。

按单个存货项目计算的成本高于其可变现净值的差额,计提存货跌价准备,计入当期损益。可变现净值,是指在日常活动中,存货的估计售价减去至完工时估计将要发生的成本、估计的销售费用以及相关税费后的金额。

4. 存货的盘存制度

公司采用永续盘存制。

5. 低值易耗品和包装物的摊销办法

低值易耗品采用一次转销法(或分期摊销法);包装物采用一次转销法(或分期摊销法);其他周转材料采用一次转销法(或分次摊销法)。

2.1.7 商誉

1. 商誉的定义

商誉为非同一控制下企业合并成本超过应享有的被投资单位或被购买方可辨认净资产于取得日或购买日的公允价值份额的差额。

2. 商誉的确认与计量

与子公司有关的商誉在合并财务报表上单独列示,与联营企业和合营企业有关的商誉,包含在长期股权投资的账面价值中。

在财务报表中单独列示的商誉至少在每年年终进行减值测试。减值测试时,商誉的账面价值依据相关的资产组或者资产组组合能够从企业合并的协同效应中受益的情况分摊至受益的资产组或资产组组合。

2.1.8 持有待售的非流动资产

公司主要通过出售(包括具有商业实质的非货币性资产交换)而非持续使用一项非流动资产或处置组收回其账面价值时,该非流动资产或处置组被划分为持有待售类别。

上述非流动资产不包括采用公允价值模式进行后续计量的投资性房地产、采用公允价值减去出售费用后的净额计量的生物资产、职工薪酬形成的资产、金融资产、递延所得税资产及保险合同产生的权利等。

处置组,是指在一项交易中作为整体通过出售或其他方式一并处置的一组资产,以及在该交易中转让的与这些资产直接相关的负债。在特定情况下,处置组包括企业合并中取得的商誉。

同时满足下列条件的非流动资产或处置组被划分为持有待售类别:根据类似交易中出售此类资产或处置组的惯例,该非流动资产或处置组在当前状况下即可立即出售;并且出售极可能发生,即已经就一项出售计划作出决议且获得确定的购买承诺,预计出售将在一年内完成。因出售对子公司的投资等原因导致丧失对子公司控制权的,无论出售后公司是否保留部分权益性投资,在拟出售的对子公司投资满足持有待售类别划分条件时,在个别财务报表中将对子公司投资整体划分为持有待售类别,在合并财务报表中将子公司所有资产和负债划分为持有待售类别。

初始计量或在资产负债表日重新计量持有待售的非流动资产或处置组时，账面价值高于公允价值减去出售费用后净额的差额确认为资产减值损失。对于持有待售的处置组确认的资产减值损失金额，先抵减处置组中商誉的账面价值，再根据处置组中的各项非流动资产账面价值所占比重，按比例抵减其账面价值。

后续资产负债表日持有待售的非流动资产或处置组公允价值减去出售费用后的净额增加的，以前减记的金额予以恢复，并在划分为持有待售类别后确认的资产减值损失金额内转回，转回金额计入当期损益。已抵减的商誉账面价值不得转回。

持有待售的非流动资产和持有待售的处置组中的资产不计提折旧或进行摊销；持有待售的处置组中负债的利息和其他费用继续予以确认。被划分为持有待售的联营企业或合营企业的全部或部分投资，对于划分为持有待售的部分停止权益法核算，保留的部分（未被划分为持有待售类别）则继续采用权益法核算；当公司因出售丧失对联营企业和合营企业的重大影响时，停止使用权益法。

某项非流动资产或处置组被划分为持有待售类别，但后来不再满足持有待售类别划分条件的，公司停止将其划分为持有待售类别，并按照下列两项金额中较低者计量：①该资产或处置组被划分为持有待售类别之前的账面价值，按照其假定在没有被划分为持有待售类别的情况下本应确认的折旧、摊销或减值进行调整后的金额；②可收回金额。

2.1.9 资产减值

1. 资产减值的确认与计量

当存在下列迹象的，表明资产可能发生了减值：

1）资产的市价当期大幅度下跌，其跌幅明显高于因时间的推移或者正常使用而预计的下跌。

2）公司经营所处的经济、技术或法律等环境以及资产所处的市场在当期或将在近期发生重大变化，从而对公司产生不利影响。

3）市场利率或者其他市场投资回报率在当期已经提高，从而影响企业用来计算资产预计未来现金流量现值的折现率，导致资产可收回金额大幅度降低。

4）有证据表明资产已经陈旧过时或其实体已经损坏。

5）资产已经或者将被闲置、终止使用或者计划提前处置。

6）公司内部报告的证据表明资产的经济绩效已经低于或者将低于预期,如资产所创造的净现金流量或者实现的营业利润(或者损失)远远低于预计金额等。

7）其他表明资产可能已经发生减值的迹象。

公司在资产负债表日对长期股权投资、固定资产、工程物资、在建工程、无形资产(使用寿命不确定的除外)等适用《企业会计准则第 8 号——资产减值》的各项资产进行判断,当存在减值迹象时对其进行减值测试——估计其可收回金额。可收回金额以资产的公允价值减去处置费用后的净额与该资产预计未来现金流量的现值两者之间较高者确定。资产的可收回金额低于其账面价值的,将资产的账面价值减记至可收回金额,减记的金额确认为资产减值损失,计入当期损益,同时计提相应的资产减值准备。

有迹象表明一项资产可能发生减值的,通常以单项资产为基础估计其可收回金额。当难以对单项资产的可收回金额进行估计的,以该资产所属的资产组为基础确定资产组的可收回金额。

资产组是可以认定的最小资产组合,其产生的现金流入基本上独立于其他资产或者资产组。资产组由创造现金流入相关的资产组成。资产组的认定,以资产组产生的主要现金流入是否独立于其他资产或者资产组的现金流入为依据。

对因企业合并所形成的商誉和使用寿命不确定及尚未达到可使用状态的无形资产,无论是否存在减值迹象,每年都进行减值测试。商誉的减值测试结合与其相关的资产组或者资产组组合进行。

资产减值损失一经确认,在以后会计期间不予转回。

2.1.10 长期待摊费用

长期待摊费用按实际发生额入账,在受益期或规定的期限内分期平均摊销。如果长期待摊的费用项目不能使以后会计期间受益,则将尚未摊销的该项目的摊余价值全部转入当期损益。

2.2 负债

2.2.1 金融负债

1. 金融负债的分类

金融负债于初始确认时分类为以公允价值计量且其变动计入当期损益的金融负债和其他金融负债。

2. 金融负债的确认和计量

对于以公允价值计量且其变动计入当期损益的金融负债,相关交易费用直接计入当期损益,其他金融负债的相关交易费用计入其初始确认金额。

1) 以公允价值计量且其变动计入当期损益的金融负债

以公允价值计量且其变动计入当期损益的金融负债,包括交易性金融负债(含属于金融负债的衍生工具)和初始确认时指定为以公允价值计量且其变动计入当期损益的金融负债。

交易性金融负债(含属于金融负债的衍生工具),按照公允价值进行后续计量,除与套期会计有关外,公允价值变动计入当期损益。

被指定为以公允价值计量且其变动计入当期损益的金融负债,该负债由公司自身信用风险变动引起的公允价值变动计入其他综合收益,且终止确认该负债时,计入其他综合收益的自身信用风险变动引起的其公允价值累计变动额转入留存收益。其余公允价值变动计入当期损益。若按上述方式对该等金融负债的自身信用风险变动的影响进行处理会造成或扩大损益中的会计错配的,公司将该金融负债的全部利得或损失(包括企业自身信用风险变动的影响金额)计入当期损益。

2) 其他金融负债

除金融资产转移不符合终止确认条件或继续涉入被转移金融资产所形成的金融负债、财务担保合同外的其他金融负债分类为以摊余成本计量的金融负债,按摊余成本进行后续计量,终止确认或摊销产生的利得或损失计入当期损益。

3. 金融负债的终止确认

金融负债(或其一部分)的现时义务已经解除的,公司终止确认该金融负债

(或该部分金融负债)。公司(借入方)与借出方签订协议,以承担新金融负债的方式替换原金融负债,且新金融负债与原金融负债的合同条款实质上不同的,终止确认原金融负债,同时确认一项新金融负债。公司对原金融负债(或其一部分)的合同条款作出实质性修改的,终止确认原金融负债,同时按照修改后的条款确认一项新金融负债。

金融负债(或其一部分)终止确认的,公司将其账面价值与支付的对价(包括转出的非现金资产或承担的负债)之间的差额,计入当期损益。

2.2.2 借款费用

1. 借款费用的定义

借款费用,是指企业因借入资金所付出的代价,包括借款利息、折价或者溢价的摊销、辅助费用以及因外币借款而发生的汇兑差额等。

与融资租赁有关的融资费用,适用本部分"2.8 租赁"。

2. 借款费用的确认

公司发生的借款费用,可直接归属于符合资本化条件的资产的购建或生产的,在同时满足下列条件时予以资本化,计入相关资产成本:①资产支出已经发生;②借款费用已经发生;③为使资产达到预定可使用或者可销售状态所必要的购建或者生产活动已经开始。

符合资本化条件的资产在购建或者生产过程中发生非正常中断且中断时间连续超过3个月的,暂停借款费用的资本化。

在中断期间发生的借款费用确认为费用,计入当期损益,直至资产的购建或者生产活动重新开始。如果中断时所购建或者生产的符合资本化条件的资产达到预定可使用或者可销售状态必要的程序,借款费用的资本化继续进行。

购建或者生产符合资本化条件的资产达到预定可使用或者可销售状态时,借款费用停止资本化。以后发生的借款费用于发生当期确认为费用。

3. 借款费用的计量

1) 借款利息资本化金额的确定

(1) 为购建或者生产符合资本化条件的资产而借入专门借款的,应当以专门借款当期实际发生的利息费用,减去将尚未动用的借款资金存入银行取得的利息收入或进行暂时性投资取得的投资收益后的金额确定。

(2)为购建或者生产符合资本化条件的资产而占用了一般借款的,企业应当根据累计资产支出超过专门借款部分的资产支出加权平均数乘以所占用一般借款的资本化率,计算确定一般借款应予资本化的利息金额。资本化率应当根据一般借款加权平均利率计算确定。

①一般借款利息费用资本化金额 = 累计资产支出超过专门借款部分的资产支出加权平均数 × 所占用一般借款的资本化率。

②所占用一般借款的资本化率(所占用一般借款加权平均利率) = 所占用一般借款当期实际发生的利息之和 ÷ 所占用一般借款本金加权平均数。

③所占用一般借款本金加权平均数 Σ = 所占用每笔一般借款本金 × 每笔一般借款在当期所占用的天数/当期天数。

(3)每一会计期间的利息资本化金额,不应当超过当期相关借款实际发生的利息金额。

2)借款辅助费用资本化金额的确定

专门借款发生的辅助费用,在所购建或者生产的符合资本化条件的资产达到预定可使用或者可销售状态之前,应当在发生时根据其发生额予以资本化,计入符合资本化条件的资产的成本;在所购建或者生产的符合资本化条件的资产达到预定可使用或者可销售状态之后,应当在发生时根据其发生额确认为费用,计入当期损益。上述资本化或计入当期损益的辅助费用的发生额,是指按照实际利率法所确定的金融负债交易费用对每期利息费用的调整额。借款实际利率与合同利率差异较小的,也可以采用合同利率计算确定利息费用。

一般借款发生的辅助费用,也应当按照上述原则确定其发生额并进行处理。

3)外币专门借款汇兑差额资本化金额的确定

在借款费用资本化期间内,外币专门借款本金及其利息的汇兑差额,应当予以资本化,计入符合资本化条件的资产的成本。而除外币专门借款之外的其他外币借款本金及其利息所产生的汇兑差额应当计入财务费用,计入当期损益。

2.2.3 应付债券

应付债券按照发行债券面值计提,债券面值与实际收到价款的差额计入债券溢价或折价,债券溢价或折价在存续期内按实际利率法进行摊销,利息按权责发生制原则按期计提。

2.2.4 预计负债

1. 预计负债的确认

公司规定与或有事项相关的义务同时满足下列条件的,确认为预计负债:①该义务是企业承担的现时义务;②履行该义务很可能导致经济利益流出企业;③该义务的金额能够可靠地计量。

2. 预计负债的计量

预计负债按照履行相关现时义务所需支出的最佳估计数进行初始计量。

1)所需支出存在一个连续范围,且该范围内各种结果发生的可能性相同的,最佳估计数按照该范围内的中间值确定。

2)在其他情况下,最佳估计数分为下列情况处理:①或有事项涉及单个项目的,按照最可能发生金额确定;②或有事项涉及多个项目的,按照各种可能结果及相关概率计算确定。

3)在确定最佳估计数时,综合考虑与或有事项有关的风险、不确定性和货币时间价值等因素。货币时间价值影响重大的,通过对相关未来现金流出进行折现后确定最佳估计数。

4)公司清偿预计负债所需支出全部或部分预期由第三方补偿的,补偿金额只有在基本确定能够收到时才能作为资产单独确认。确认的补偿金额不超过预计负债的账面价值。

5)公司在资产负债表日对预计负债的账面价值进行复核。有确凿证据表明该账面价值不能真实反映当前最佳估计数的,按照当前最佳估计数对该账面价值进行调整。

2.2.5 应付职工薪酬

1. 职工薪酬的定义

职工薪酬,是指公司为获得职工提供的服务或解除劳动关系而给予的各种形式的报酬或补偿。职工薪酬包括短期薪酬、离职后福利、辞退福利和其他长期职工福利。公司提供给职工配偶、子女、受赡养人、已故员工遗属及其他受益人等的福利,也属于职工薪酬。

2. 职工薪酬的范围

职工薪酬是企业因职工提供服务而支付或放弃的所有对价。其中:职工指与企业订立劳动合同的所有人员,含全职、兼职和临时职工,也包括虽未与企业订立劳动合同但由企业正式任命的人员。包括以下几个方面:

1) 与企业订立劳动合同的所有人员,含全职、兼职和临时职工;

2) 未与企业订立劳动合同但由企业正式任命的人员,如部分董事会成员、监事会成员等;

3) 在企业的计划和控制下,虽未与企业订立劳动合同或未由其正式任命,但向企业所提供服务与职工所提供服务类似的人员,也属于职工的范畴,包括通过企业与劳务中介公司签订用工合同而向企业提供服务的人员。

3. 职工薪酬的分类

职工薪酬主要包括短期薪酬、离职后福利、辞退福利和其他长期职工福利。

1) 短期薪酬:公司在职工为其提供服务的会计期间,将实际发生的短期薪酬确认为负债,并计入当期损益,其他会计准则要求或允许计入资产成本的除外。其中包括:①职工工资、奖金、津贴和补贴;②职工福利费;③医疗保险费、工伤保险费和生育保险费等社会保险费;④住房公积金;⑤工会经费和职工教育经费;⑥短期带薪缺勤;⑦短期利润分享计划;⑧其他短期薪酬。

2) 离职后福利:公司将离职后福利计划分类为设定提存计划和设定受益计划。离职后福利计划,是指公司与职工就离职后福利达成的协议,或者公司为向职工提供离职后福利制定的规章或办法等。其中,设定提存计划,是指向独立的基金缴存固定费用后,公司不再承担进一步支付义务的离职后福利计划;设定受益计划,是指除设定提存计划以外的离职后福利计划。包括:基本养老保险、失业保险费。

3) 辞退福利:公司向职工提供辞退福利的,在下列两者孰早日确认辞退福利产生的职工薪酬负债,并计入当期损益:公司不能单方面撤回因解除劳动关系计划或裁减建议所提供的辞退福利时;公司确认与涉及支付辞退福利的重组相关的成本或费用时。其中包括:①在职工劳动合同尚未到期前,不论职工本人是否愿意,企业决定解除与职工的劳动关系而给予的补偿;②在职工劳动合同尚未到期前,为鼓励职工自愿接受裁减而给予的补偿,职工有权利选择继续在职或接受补偿离职。

企业承诺提供实质上具有辞退福利性质的经济补偿的,如发生"内退"的情况,在其正式退休日期之前应当比照辞退福利处理,在其正式退休日期之后,应当按照离职后福利处理。

4)其他长期职工福利:公司向职工提供的其他长期职工福利,符合设定提存计划条件的,按照上述设定提存计划的会计政策进行处理;除此以外的,按照上述设定受益计划的会计政策确认和计量其他长期职工福利净负债或净资产。

4.职工薪酬的确认

企业应当在职工为其提供服务的会计期间,将应付的职工薪酬确认为负债,除因解除与职工的劳动关系给予的补偿(以下简称"辞退福利")外,应当根据职工提供服务的受益对象,分下列情况处理:

1)应由生产产品、提供劳务负担的职工薪酬,计入存货成本或劳务成本;

2)应由在建工程、无形资产负担的职工薪酬,计入建造固定资产或无形资产成本;

3)除上述1)和2)之外的其他职工薪酬,确认为当期费用。

企业向职工提供辞退福利的,应当在企业不能单方面撤回因解除劳动关系计划或裁减建议所提供的辞退福利时、企业确认涉及支付辞退福利的重组相关的成本或费用时两者孰早日,确认辞退福利产生的职工薪酬负债,并计入当期损益。

实施职工内部退休计划的,企业应当比照辞退福利处理。在内退计划符合规定的确认条件时,应当按照内退计划规定,将自职工停止提供服务日至正常退休日期间、企业拟支付的内退职工工资和缴纳的社会保险费等,确认为应付职工薪酬,一次性计入当期损益,不能在职工内退后各期分期确认因支付内退职工工资和为其缴纳社会保险费等产生的义务。

5.职工薪酬的计量

在职工为企业提供服务的会计期间,企业应根据职工提供服务的受益对象,将应确认的职工薪酬(包括货币性职工薪酬和非货币性职工薪酬)计入相关资产成本或当期损益,同时确认为应付职工薪酬,但辞退福利除外。

1)货币性职工薪酬计量

(1)国家规定了计提基础和计提比例的,应当按照国家规定的标准计提。比如:应向社会保险经办机构等缴纳的医疗保险费和养老保险费、失业保险费、工伤保险费、生育保险费等社会保险费,应向住房公积金管理机构缴存的住房公积金,以及工会经费和职工教育经费等,应当在职工为其提供服务的会计期间,根据工资总额的一定比例计算确定。

(2)国家没有规定计提基础和计提比例的,企业应当根据历史经验数据和实际情况,合理预计当期应付职工薪酬。当期实际发生金额大于预计金额的,应当补提应付职工薪酬;当期实际发生金额小于预计金额的,应当冲回多提的应付职工薪酬。

(3)对于在职工提供服务的会计期末以后1年以上到期的应付职工薪酬,企业应当选择合理的折现率,以应付职工薪酬折现后的金额计入相关资产成本或当期损益;应付职工薪酬金额与其折现后金额相差不大的,也可按照未折现金额计入相关资产成本或当期损益。

2)非货币性职工薪酬计量

(1)企业以自产产品或外购商品发放给职工作为福利

企业以其自产产品或作为非货币性福利发放给职工的,应当按照该产品的公允价值和相关税费计量,应计入成本费用的职工薪酬金额,并确认主营业务收入,其销售成本的结转和相关税费的处理,与正常商品销售相同。以外购商品作为非货币性福利提供给职工的,应当按照该商品的公允价值和相关税费计量,应计入成本费用的职工薪酬金额。

(2)企业将拥有的房屋等资产无偿提供给职工使用或租赁住房等资产供职工无偿使用

企业将拥有的房屋等资产无偿提供给职工使用的,应当根据受益对象,将该住房每期应计提的折旧计入相关资产成本或当期损益,同时确认应付职工薪酬。租赁住房等资产供职工无偿使用的,应当根据受益对象,将每期应付的租金计入相关资产成本或当期损益,并确认应付职工薪酬。难以认定受益对象的非货币性福利,直接计入当期损益并确认应付职工薪酬。

(3)向职工提供企业支付了补贴的商品或服务

企业以低于企业取得资产或服务成本的价格向职工提供资产和服务,比如以低于成本的价格向职工出售住房、以低于企业支付的价格向职工提供医疗保健服务。应分别情况处理:

如果提供资产或服务的合同或协议中规定了职工在接受资产或服务后至少应当提供服务的年限,企业应当将该项差额作为长期待摊费用处理,并在合同或协议规定的服务年限内平均摊销,根据受益对象分别计入相关资产成本或当期损益。

如果提供资产或服务的合同或协议中未规定职工在接受资产或服务后必须服务的年限,企业应当将该项差额直接计入出售住房当期损益。

企业应当按照辞退计划条款的规定,合理预计并确认辞退福利产生的职工薪酬负债,并具体考虑下列情况:

(1)对于职工没有选择权的辞退计划,企业应当根据计划条款规定拟解除劳动关系的职工数量、每一职位的辞退补偿等确认职工薪酬负债;

(2)对于自愿接受裁减建议的辞退计划,由于接受裁减的职工数量不确定,企业应当根据本办法"2.10 或有事项"规定,预计将会接受裁减建议的职工数量,根据预计的职工数量和每一职位的辞退补偿等确认职工薪酬负债;

(3)对于辞退福利预期在其确认的年度报告期间期末后十二个月内完全支付的辞退福利,企业应当适用短期薪酬的相关规定;

(4)对于辞退福利预期在年度报告期间期末后十二个月内不能完全支付的辞退福利,企业应当适用本准则关于其他长期职工福利的相关规定,即实质性辞退工作在一年内实施完毕但补偿款项超过一年支付的辞退计划,企业应当选择恰当的折现率,以折现后的金额计量应计入当期损益的辞退福利金额。

2.2.6 递延收益

1.递延收益的定义

是指尚待确认的收入或收益,也可以说是暂时未确认的收益,它是权责发生制在收益确认上的运用。

2. 递延收益的确认和计量

与资产相关的政府补助确认为递延收益的,应当在相关资产使用寿命内按照合理、系统的方法分期计入损益。按照名义金额计量的政府补助,直接计入当期损益。

用于补偿企业以后期间的相关成本费用或损失的,确认为递延收益,并在确认相关成本费用或损失的期间,计入当期损益或冲减相关成本。

相关资产在使用寿命结束前被出售、转让、报废或发生毁损的,应当将尚未分配的相关递延收益余额转入资产处置当期的损益。

2.2.7 递延所得税负债

递延所得税负债是指根据应税暂时性差异计算的未来期间应付所得税的金额。

2.3 所有者权益

2.3.1 实收资本

实收资本是投资者投入资本、形成法定资本的价值。

收到投资者投入的资本时,应按其在实收资本中所占份额确认为实收资本,差额部分作为资本溢价,计入资本公积。

不同类别实收资本应单独核算,各类实收资本的增加、减少及附带权利的变更、废除,终止时应及时进行核算。

按照相关规定和程序将资本公积、盈余公积、未分配利润转增实收资本时,按转增金额增加实收资本,减少资本公积、盈余公积和未分配利润。

2.3.2 其他权益工具

1. 其他权益工具的定义

其他权益工具是指公司发行的永续债、优先股等权益工具。

2. 其他权益工具的确认与计量

与发行永续债或优先股相关的承销手续费,应从发行金额中扣除,以实际收到的金额确认。

1) 公司发行的永续债和优先股等金融工具,同时符合以下条件的应作为权益工具:

(1) 该金融工具不包括交付现金或其他金融资产给其他方,或在潜在不利条件下与其他方交换金融资产或金融负债的合同义务;

(2) 如将来须用或可用企业自身权益工具结算该金融工具的,如该金融工具为非衍生工具,则不包括交付可变数量的自身权益工具进行结算的合同义务;如为衍生工具,则公司只能通过以固定数量的自身权益工具交换固定金额的现金或其他金融资产结算该金融工具。

2) 归类为权益工具的永续债和优先股等金融工具,其发行(含再融资)、回购、出售或注销时,公司作为权益的变动处理,相关交易费用亦从权益中扣减。公司对权益工具持有方的分配作为利润分配处理。

2.3.3 资本公积

资本公积是公司收到的投资者超出其在公司注册资本中所占份额的投资,以及直接计入所有者权益的利得和损失等。主要包括资本溢价等。

2.3.4 一般风险准备金

类金融企业应当根据自身实际情况,选择内部模型法或标准法对风险资产所面临的风险状况定量分析,确定潜在风险估计值。对于潜在风险估计值高于资产减值准备的差额,计提一般准备。当潜在风险估计值低于资产减值准备时,可不计提一般准备。一般准备余额原则上不得低于风险资产期末余额的1.5%。一般准备余额占风险资产期末余额的比例,难以一次性达到1.5%的,可以分年到位,原则上不得超过五年。

从事期货经纪业务的金融企业,应按本年实现净利润的10%提取风险准备金,用于风险的补偿,不得用于分红、转增资本。

主营担保业务的企业,应按本年实现净利润的10%提取一般风险准备金,用于弥补亏损,不得用于分红、转增资本。

2.4 损益

2.4.1 收入

1. 收入的确认

于合同开始日,公司对合同进行评估,识别合同所包含的各单项履约义务,并确定各单项履约义务是在某一时段内履行,还是在某一时点履行。

满足下列条件之一时,属于在某一时段内履行履约义务;否则,属于在某一时点履行履约义务。具体分为:①客户在公司履约的同时即取得并消耗公司履约所带来的经济利益;②客户能够控制公司履约过程中的在建商品或服务;③公司履约过程中所产出的商品或服务具有不可替代用途,且公司在整个合同期间内有权就累计至今已完成的履约部分收取款项。

对于在某一时段内履行的履约义务,公司在该段时间内按照履约进度确认收入。履约进度不能合理确定时,已经发生的成本预计能够得到补偿的,按照已经发生的成本金额确认收入,直到履约进度能够合理确定为止。对于在某一时点履行的履约义务,在客户取得相关商品或服务控制权时点确认收入。在判断客户是否已取得商品控制权时,公司应考虑下列迹象:①公司就该商品享有现时收款权利,即客户就该商品负有现时付款义务;②公司已将该商品的法定所有权转移给客户,即客户已拥有该商品的法定所有权;③公司已将该商品实物转移给客户,即客户已实物占有该商品;④公司已将该商品所有权上的主要风险和报酬转移给客户,即客户已取得该商品所有权上的主要风险和报酬;⑤客户已接受该商品;⑥其他表明客户已取得商品控制权的迹象。

2. 收入的计量

公司按照分摊至各单项履约义务的交易价格计量收入。交易价格是公司因向客户转让商品或服务而预期有权收取的对价金额,不包括代第三方收取的款项以及预期将退还给客户的款项。

合同中存在可变对价的,公司按照期望值或最可能发生金额确定可变对价的最佳估计数,但包含可变对价的交易价格,不超过在相关不确定性消除时累计已确认收入极可能不会发生重大转回的金额。

合同中存在重大融资成分的,公司按照假定客户在取得商品或服务控制权时即以现金支付的应付金额确定交易价格。该交易价格与合同对价之间的差额,在合同期间内采用实际利率法摊销。合同开始日,公司预计客户取得商品或服务控制权与客户支付价款间隔不超过一年的,不考虑合同中存在的重大融资成分。

合同中包含两项或多项履约义务的,公司于合同开始日,按照各单项履约义务所承诺商品的单独售价的相对比例,将交易价格分摊至各单项履约义务。

3. 收入确认的具体方法

1) 按时点确认的收入

公司销售产品,属于在某一时点履行履约义务。内销产品收入确认需满足以下条件:公司已根据合同约定将产品交付给客户且客户已接受该商品,已经收回货款或取得了收款凭证且相关的经济利益很可能流入,商品所有权上的主要风险和报酬已转移,商品的法定所有权已转移。外销产品收入确认需满足以下条件:公司已根据合同约定将产品报关,取得提单,已经收回货款或取得了收款凭证且相关的经济利益很可能流入,商品所有权上的主要风险和报酬已转移,商品的法定所有权已转移。

2) 按履约进度确认的收入

公司提供服务,由于公司履约的同时客户即取得并消耗公司履约所带来的经济利益、客户能够控制公司履约过程中在建商品或服务、公司履约过程中所提供产出的服务或商品具有不可替代用途,且公司在整个合同期间内有权就累计至今已完成的履约部分收取款项,公司将其作为在某一时段内履行的履约义务,按照履约进度确认收入,履约进度不能合理确定的除外。公司按照产出法/投入法确定提供服务的履约进度。对于履约进度不能合理确定时,公司已经发生的成本预计能够得到补偿的,按照已经发生的成本金额确认收入,直到履约进度能够合理确定为止。

2.4.2 成本及期间费用

1. 成本及期间费用定义

成本是指为生产产品、提供劳务而发生的各种经济资源的耗费。期间费用是指本期发生的、不能直接或间接归入某种产品成本的、直接计入损益的各项费用,包括管理费用、销售费用和财务费用等。

2. 成本及期间费用的确认和计量

应合理划分收益性支出与资本性支出。如果某项支出的效益及于几个会计年度,该项支出应予以资本化;如果某项支出的效益仅及于本会计年度,应作为收益性支出。

应合理划分期间费用和成本的界限。期间费用应直接计入当期损益;成本应计入所生产的产品、提供劳务的成本。

当期已经发生或应负担的费用,不论款项是否支付,都应作为当期的费用;不属于当期的费用,即使款项已在当期支付,也不应作为当期的费用。

为产生当期收入所发生的费用,应确认为该期的费用;生产费用能确认直接受益对象的,直接计入各受益对象的成本,不能直接确认受益对象的,应按受益比例在各受益对象间进行分配。

成本费用核算中的各种处理方法一经确定,不得随意变更。如确需变更,应经企业管理委员会或董事会批准,并上报公司备案,将变更的原因及其对财务状况的影响,在当期的财务会计报告附注中详细说明和披露。

应划分本期成本、费用和下期成本、费用的界限,除规定的会计年度末允许预提和待摊的情形外,不得预提和摊销费用。

应划分各种产品、劳务成本的界限,划分在产品成本和产成品成本的界限,不得任意压低或提高在产品和产成品的成本。

2.5 政府补助

1. 政府补助的形式

1) 财政拨款。财政拨款是政府无偿拨付给企业的资金,通常在拨款时明确规定了资金用途,主要包括:①承担中国人民解放军原总后勤部、中国人民解放军原总装备部的国防科研项目而收到的款项;②按照国家相关文件,收到的指定用途的增值税返还;③接受公司代表国家拨入的专门用途的拨款;④收到用于分流安置职工、政策性搬迁和结构调整的拨款;⑤其他。

2）财政贴息。财政贴息是政府为支持特定领域或区域发展，根据国家宏观经济形势和政策目标，对承贷企业的银行贷款利息给予的补贴。财政贴息主要有两种方式：①财政将贴息资金直接拨付给受益企业；②财政将贴息资金拨付给贷款银行，由贷款银行以政策性优惠利率向企业提供贷款，受益企业按照实际发生的利率计算和确认利息费用。

3）税收返还。税收返还是政府按照国家有关规定采取先征后返（退）、即征即退等办法向企业返还的税款，属于以税收优惠形式给予的一种政府补助。除税收返还外的税收优惠，直接减征、免征、增加计税抵扣额、抵免部分税额以及增值税出口退税不属于政府补助。

4）无偿划拨非货币性资产。比如，行政划拨土地使用权、天然起源的天然林等。

2. 政府补助的确认

政府补助在满足政府补助所附条件并能够收到时确认，分为与资产相关的政府补助和与收益相关的政府补助。

1）与资产相关的政府补助：是指企业取得的、用于购建或以其他方式形成长期资产的政府补助。

（1）企业取得与资产相关的政府补助，不能直接确认为当期损益，应当确认为递延收益，自相关资产达到预定可使用状态时起，在该资产使用寿命内平均分配，分次计入以后各期的损益（营业外收入）。

（2）相关资产在使用寿命结束前被出售、转让、报废或发生毁损的，应将尚未分配的递延收益余额一次性转入资产处置当期的损益（营业外收入）。

2）与收益相关的政府补助：是指除与资产相关的政府补助之外的政府补助。

（1）与收益相关的政府补助，用于补偿企业以后期间的相关费用或损失的，取得时确认为递延收益，在确认相关费用的期间计入当期损益（营业外收入）；用于补偿企业已发生的相关费用或损失的，取得时直接计入当期损益（营业外收入）。

3）企业对于综合性项目的政府补助，需要将其分解为与资产相关的部分和与收益相关的部分，分别进行会计处理；难以区分的，将政府补助整体归类为与收益相关的政府补助,视情况不同计入当期损益,或者在项目期内分期确认为当期收益。

3. 政府补助的计量

1)对于货币性资产的政府补助,按照收到或应收的金额计量。对于非货币性资产的政府补助,按照公允价值计量;公允价值不能够可靠取得的,按照名义金额1元计量。

2)与资产相关的政府补助,是指公司取得的、用于购建或以其他方式形成长期资产的政府补助;除此之外,作为与收益相关的政府补助。

3)对于政府文件未明确规定补助对象的,能够形成长期资产的,与资产价值相对应的政府补助部分作为与资产相关的政府补助,其余部分作为与收益相关的政府补助;难以区分的,将政府补助整体作为与收益相关的政府补助。

4)与资产相关的政府补助,冲减相关资产的账面价值,或者确认为递延收益在相关资产使用期限内按照合理、系统的方法分期计入损益。

5)与收益相关的政府补助,用于补偿已发生的相关成本费用或损失的,计入当期损益或冲减相关成本;用于补偿以后期间的相关成本费用或损失的,则计入递延收益,于相关成本费用或损失确认期间计入当期损益或冲减相关成本。

6)按照名义金额计量的政府补助,直接计入当期损益。

7)与日常活动相关的政府补助,按照经济业务实质,计入其他收益或冲减相关成本费用。与日常活动无关的政府补助,计入营业外收支。

8)已确认的政府补助需要返还时,初始确认时冲减相关资产账面价值的,调整资产账面价值;存在相关递延收益余额的,冲减相关递延收益账面余额,超出部分计入当期损益;属于其他情况的,直接计入当期损益。

2.6 所得税

1. 所得税的定义

采用资产负债表债务法核算所得税,通过比较资产负债表上列示的资产、负债按照会计规定确定的账面价值与按照税法规定确定的计税基础,对于两者之间的差异,分别应纳税暂时性差异与可抵扣暂时性差异,确定相关的递延所得税负债与递延所得税资产,并在此基础上确定每一会计期间利润表中的所得税费用。

2. 资产与负债的计税基础

1)资产的计税基础:是指企业收回资产账面价值过程中,计算应纳税所得额时按照税法规定可以自应税经济利益中抵扣的金额,即某一项资产在未来期间计税时按照税法规定可以税前扣除的金额。如果这些经济利益不需要纳税,那么该资产的计税基础即为其账面金额。

资产在取得时其入账价值与计税基础是相同的,后续计量过程中因《企业会计准则》规定与税法规定不同,可能产生资产的账面价值与其计税基础的差异。

2)负债的计税基础:是指负债的账面价值减去未来期间计算应纳税所得额时按照税法规定可予抵扣的金额。

3. 当期所得税负债和当期所得税资产的确认

当期和以前期间的所得税,如果未支付,确认为一项负债。如果当期和以前期间已支付的金额超过上述期间应付的金额,则超过的部分应确认为一项资产。

4. 递延所得税负债和递延所得税资产的确认

1)递延所得税资产

(1)资产、负债的账面价值与其计税基础存在可抵扣暂时性差异的,以未来期间很可能取得的用以抵扣可抵扣暂时性差异的应纳税所得额为限,按照预期收回该资产或清偿该负债期间的适用税率,计算确认由可抵扣暂时性差异产生的递延所得税资产。

(2)资产负债表日,有确凿证据表明未来期间很可能获得足够的应纳税所得额用来抵扣可抵扣暂时性差异的,确认以前期间未确认的递延所得税资产。

(3)资产负债表日,对递延所得税资产的账面价值进行复核。如果未来期间很可能无法获得足够的应纳税所得额用以抵扣递延所得税资产的利益,减记递延所得税资产的账面价值。在很可能获得足够的应纳税所得额时,转回减记的金额。

2)递延所得税负债

资产、负债的账面价值与其计税基础存在应纳税暂时性差异的,按照预期收回该资产或清偿该负债期间的适用税率,确认由应纳税暂时性差异产生的递延所得税负债。

5. 所得税资产和负债的计量

1)当期所得税资产和负债的计量

资产负债表日,对于当期和以前期间形成的当期所得税负债(或资产)应当按照税法规定计算的预期应交纳(或返还)的所得税金额计量。

(1)企业在确定当期所得税时,对于当期发生的交易或事项,会计处理与税收处理不同的,应在会计利润的基础上,按照适用税收法规的规定进行调整,计算出当期应纳税所得额,按照应纳税所得额与适用所得税税率计算确定当期应交所得税。

(2)企业适用税收法规的调整事项主要有如下四项。

①按照会计准则规定作为收益计入会计报表,在计算所得税时不确认为收益的免税所得包括:国债利息所得,免税补贴收入,免税的纳入预算管理的基金、收费或附,免予补税的投资收益,免税的技术转让收益,免税的治理"三废"收益,计入当期损益的公允价值变动收益以及其他免税收益等。

以上七个方面的免税所得在会计核算时作为收入已列入税前会计利润中,在计算应纳税所得额时应从税前会计利润中减除。

②按照会计准则规定不作为收益计入会计报表,在计算所得税时应确认为收益,需要交纳所得税。该种情况包括:

a.将自产产品用于在建工程项目,应按照该产品的售价与成本的差额计入应纳税所得额;

b.将自产、委托加工和外购的原材料、产成品(商业企业包括外购商品)、固定资产、无形资产和有价证券待用于捐赠的,应按照该产品的售价与成本的差额计入应纳税所得额(同时捐赠支出要按照课税前可抵扣部分扣除,不可扣除部分作纳税调整);

c.接受捐赠收入应计入应纳税所得额(如果在接受捐赠时直接做纳税处理,

可以不做纳税调整)。

③按会计准则规定核算时不确认为费用或损失,在计算应纳税所得额时则允许扣除的项目。

④按会计准则规定核算时确认为费用或损失,在计算应纳税所得额时却不允许扣除。该种情况包括各种不得在税前扣除的滞纳金、罚款等;也包括部分费用项目超过税法规定支出部分,如未实行工效挂钩或实行了工效挂钩但未达到"两低"标准的工资费用、业务招待费等。

(3)当期应纳税所得额、当期应交所得税和当期所得税费用的计算公式为:

应纳税所得额 = 税前会计利润(利润总额) - 第①项纳税调整事项 + 第②项纳税调整事项第 - ③项纳税调整事项 + 第④项纳税调整事项

应交所得税 = 应纳税所得额 × 适用的所得税税率

所得税费用 = 本期应交所得税 + 递延所得税

递延所得税 = (期末递延所得税负债 - 期初递延所得税负债) - (期末递延所得税资产 - 期初递延所得税资产)

2)递延所得税资产或递延所得税负债的计量

企业根据适用税法规定,按照预期收回资产或清偿负债期间的适用税率计量递延所得税资产和递延所得税负债。

适用税率发生变化的,对已确认的递延所得税资产和递延所得税负债进行重新计量,除直接在所有者权益中确认的交易或者事项产生的递延所得税资产和递延所得税负债以外,将其影响数计入变化当期的所得税费用。

企业不应当对递延所得税资产和递延所得税负债进行折现。

3)其他事项

(1)企业发生年度亏损的,可以用下一纳税年度的所得弥补;下一纳税年度的所得不足弥补的,可以逐年延续弥补,但是延续弥补期最长不得超过五年。

(2)从被投资企业分回的已经缴纳所得税的利润,被投资企业已缴纳的税额可以在计算本企业所得税时予以抵扣。

(3)为鼓励企业加大投资力度,支持企业技术改造,促进产品结构调整和经济稳定发展,对我国境内投资于符合国家产业政策的技术改造项目的企业,项目所需国产设备投资的40%,可从投资改造项目设备购置当年比前一年新增所得税中抵免。如果当年新增企业所得税不足抵免时,可以用以后年度比设备购置前一年新增的企业所得税税额延续抵免,但抵免的时间最长不得超过五年。

(4)因重大会计差错而应补交以前年度的所得税,应视同重大会计差错,按重大会计差错的规定进行会计处理。因此而支付的罚款,应计入当期的营业外支出,不得追溯调整前期损益。

4)递延所得税资产的减值

资产负债表日,企业应对递延所得税资产的账面价值进行复核。如果未来期间很可能无法取得足够的应纳税所得额用以利用可抵扣暂时性差异带来的经济利益,应当减记递延所得税资产的账面价值。

2.7 保险合同

1. 保险合同的定义

公司对承保的合同承担保险风险、其他风险,或既承担保险风险又承担其他风险。对既承担保险风险又承担其他风险的合同,且保险风险部分和其他风险部分能够区分并单独计量的,将保险风险部分和其他风险部分进行分拆。保险风险部分确定为保险合同,其他风险部分确定为非保险合同。

保险风险部分和其他风险部分不能够区分或者虽能够区分但不能够单独计量的,在合同初始确认日进行重大保险风险测试。如果保险风险重大,将整个合同确定为保险合同;如果保险风险不重大,将其确认为非保险合同。

应对每一险种进行重大保险风险测试。如测试结果表明发生合同约定的保险事故可能导致公司支付重大附加利益的,即认定该保险风险重大,但不具有商业实质的除外。其中,附加利益指保险人在发生保险事故时的支付额超过不发生保险事故时的支付额的金额。合同的签发对公司和交易对方的经济利益没有可辨认的影响的,表明此类合同不具有商业实质。

2. 保险合同的确认和计量

1)保险合同收入

(1)公司于保险合同成立并承担相应保险责任、与保险合同相关的经济利益很可能流入且保险合同相关的收入能够可靠计量时确认保费收入。

(2)按照保险合同项下实际收到的保费金额确认为预收保费,待保费收入确认条件满足后转为保费收入。

根据保险合同约定的保费总额确定当期保费收入。对于分保费收入,根据相关再保险合同的约定,计算确定分保费收入金额。

(3)保险合同提前解除的,按照保险合同约定计算确定应退还投保人的金额作为退保金,计入当期损益。

2)保险合同成本

(1)保险合同成本指保险合同发生的会导致股东权益减少的且与向股东分配利润无关的经济利益的总流出。保险合同成本主要包括分出保费、已发生的手续费或佣金支出、赔付成本以及提取的各项保险合同准备金等。

(2)赔付成本包括保险人支付的赔款、给付以及在理赔过程中发生的律师费、诉讼费、损失检验费、相关理赔人员薪酬等理赔费用,和在取得保险合同过程中发生的手续费和佣金均于发生时计入当期损益。

(3)公司在确认原保险合同保费收入的当期,按照相关再保险合同的约定,计算确定分出保费和应向再保险接受人摊回的分保费用,计入当期损益。公司在确定支付赔付款项金额或实际发生理赔费用而冲减原保险合同相应准备金余额的当期,计算确定应向再保险接受人摊回的赔付成本,计入当期损益,冲减相应的应收分保准备金余额。

3.保险合同准备金

保险合同准备金包括未到期责任准备金和未决赔款准备金。

保险合同准备金以具有同质保险风险的保险合同组合作为计量单元,以保险人履行保险合同相关义务所需支出的合理估计金额为基础进行计量。

在提取原保险合同未到期责任准备金和未决赔款准备金的当期,公司按照相关再保险合同的约定,对原保险合同现金流量和与其相关的再保险合同现金流量分别估计,并将从再保险分入人摊回的保险合同准备金确认为应收分保准备金资产。

1)未到期责任准备金

未到期责任准备金,是指本公司对尚未终止的非寿险业务保险责任提取的准备金,包括未赚保费准备金及保费不足准备金。未赚保费准备金,是指以未满期部分保费收入为基础所计提的准备金,并应减除与获取保费收入相关联的保单获取成本的未到期部分。保险公司应在未到期责任准备金评估过程中进行保费充足性测试,并根据测试结果提取保费不足准备金,作为未到期责任准备金的一部分。

2)未决赔款准备金

未决赔款准备金,是指本公司为非寿险保险事故已发生尚未结案的赔案提取的准备金。包括已发生已报案未决赔款准备金、已发生未报案未决赔款准备金和理赔费用准备金等。

(1)已发生已报案未决赔款准备金,是指本公司为非寿险保险事故已发生并已向本公司提出索赔但尚未结案的赔案提取的准备金。本公司按最高不超过保单对该保险事故所承诺的保险金额,采用逐案估计法和案均赋值法进行评估,根据业务系统中评估险类的再保前后的未决赔案的估损之和作为计量单元再保前后的已发生已报案未决赔款准备金。

(2)已发生未报案未决赔款准备金,是指本公司为非寿险保险事故已发生、尚未向本公司提出索赔赔案提取的准备金。本公司根据保险风险的性质和分布、赔款发展模式、经验数据等因素,采用链梯法、案均赔款法、准备金进展法、赔付率法等,以最终赔付的合理估计金额为基础,同时考虑边际和贴现因素,计量已发生未报案未决赔款准备金。

(3)理赔费用准备金,是指本公司为非寿险保险事故已发生尚未结案的赔案可能发生的律师费、诉讼费、损失检验费、相关理赔人员薪酬等费用提取的准备金。本公司以未来必须发生的理赔费用的合理估计金额为基础,同时考虑边际和贴现因素,按比率法或逐案估计法计量理赔费用准备金。

保险业务会计核算规则根据保险行业监管规定调整。

2.8 租赁

1. 经营租赁

1）作为承租人，公司对于经营租赁的租金，在租赁期内各个期间按照直线法计入相关资产成本或当期损益；发生的初始直接费用，计入当期损益；或有租金在实际发生时计入当期损益。

2）作为出租人，公司按资产的性质将用作经营租赁的资产，包括在资产负债表中的相关项目分别计量：对于经营租赁的租金，在租赁期内各个期间按照直线法确认为当期损益；发生的初始直接费用，计入当期损益；对于经营租赁资产中的固定资产，采用类似资产的折旧政策计提折旧；对于其他经营租赁资产，采用系统合理的方法进行摊销；或有租金在实际发生时计入当期损益。

2. 融资租赁

1）作为承租人，公司在租赁期开始日将租赁开始日租赁资产公允价值与最低租赁付款额现值两者中较低者作为租入资产的入账价值，将最低租赁付款额作为长期应付款的入账价值，其差额作为未确认融资费用；在租赁谈判和签订租赁合同过程中发生的，可归属于租赁项目的手续费、律师费、差旅费、印花税等初始直接费用，计入租入资产价值；未确认融资费用在租赁期内各个期间进行分摊，采用实际利率法计算确认当期的融资费用；或有租金在实际发生时计入当期损益。

在计算最低租赁付款额的现值时，能够取得出租人租赁内含利率的，采用租赁内含利率作为折现率；否则，采用租赁合同规定的利率作为折现率。无法取得出租人的租赁内含利率且租赁合同没有规定利率的，采用同期银行贷款利率作为折现率。

公司采用与自有固定资产相一致的折旧政策计提租赁资产折旧。能够合理确定租赁期届满时取得租赁资产所有权的，在租赁资产使用寿命内计提折旧。无法合理确定租赁期届满时能够取得租赁资产所有权的，在租赁期与租赁资产使用寿命两者中较短的期间内计提折旧。

2）作为出租人，公司在租赁期开始日将租赁开始日最低租赁收款额与初始直接费用之和作为应收融资租赁款的入账价值,同时记录未担保余值;将最低租赁收款额、初始直接费用及未担保余值之和与其现值之和的差额确认为未实现融资收益;未实现融资收益在租赁期内各个期间进行分配;采用实际利率法计算确认当期的融资收入;或有租金在实际发生时计入当期损益。

2.9 外币业务和外币报表折算

1. 外币业务

公司外币交易按照交易发生日的即期汇率折算为记账本位币金额。

在资产负债表日,按照下列规定对外币货币性项目和外币非货币性项目进行处理:外币货币性项目,采用资产负债表日即期汇率折算。因资产负债表日即期汇率与初始确认时或前一资产负债表日即期汇率不同而产生的汇兑差额,计入当期损益;以历史成本计量的外币非货币性项目,仍采用交易发生日的即期汇率折算,不改变其记账本位币金额;以公允价值计量的外币非货币性项目,采用公允价值确定日的即期汇率折算,折算后的记账本位币金额与原记账本位币金额的差额,作为公允价值变动(含汇率变动)处理,计入当期损益;在资本化期间内,外币专门借款本金及利息的汇兑差额,应予以资本化,计入符合资本化条件的资产的成本。

2. 外币财务报表的折算

公司对外币财务报表折算时,遵循下列规定:资产负债表中的资产和负债项目,采用资产负债表日的即期汇率折算,所有者权益项目除"未分配利润"项目外,其他项目采用发生时的即期汇率折算;利润表中的收入和费用项目,采用交易发生日的即期汇率折算(或采用按照系统合理的方法确定的、与交易发生日即期汇率近似的汇率折算)。按照上述折算产生的外币财务报表折算差额,确认为其他综合收益。比较财务报表的折算比照上述规定处理。

2.10 或有事项

1. 或有事项的定义

或有事项是指由过去的交易或事项形成的,其结果须由未来某些事项的发生或不发生才能决定的不确定事项。

或有事项包括未决诉讼或仲裁、对外提供担保、职工辞退福利、机构撤并与出售等重组义务、亏损合同、商业票据背书转让或贴现等。

2.或有事项的确认与计量

与或有事项相关的义务同时满足下列条件时,应确认为预计负债:

1)该义务是公司承担的现时义务。现时义务是指与或有事项相关的义务,是在公司当前条件下已承担的义务,公司没有其他的选择,只能履行该现时义务;

2)履行该义务很可能导致经济利益流出公司,即履行与或有事项相关的现时义务时,导致经济利益流出公司的可能性超过50%、小于或等于95%;

3)该义务的金额能够可靠地计量。是指与或有事项相关的现时义务的金额能够合理地估计。

3.预计负债按照履行相关现时义务所需支出的最佳估计数进行初始计量。

1)所需支出存在一个连续范围,且该范围内各种结果发生的可能性相同的,最佳估计数按该范围内的中间值确定,即上下限金额的平均数确定。

2)所需支出不存在一个连续范围,或者虽然存在一个连续范围,但该范围内各种结果发生的可能性不相同。这种情况下最佳估计数按照以下方法确定:

①或有事项涉及单个项目的,按照最可能发生金额确定。"涉及单个项目"指或有事项涉及的项目只有一个,如一项未决诉讼、一项未决仲裁或一项债务担保等;

②或有事项涉及多个项目的,按照各种可能结果及相关概率计算确定。"涉及多个项目"指或有事项涉及的项目不止一个。

4.公司在确定最佳估计数时,应当综合考虑与或有事项有关的风险和不确定性、货币时间价值、未来事项等因素:

1)与或有事项有关的风险和不确定性,应在低估和高估预计负债金额之间寻求平衡点;

2)相关现时义务的金额通常应等于未来的应支付的金额,现时义务的金额与未来应支付金额的现值差别较大的,应当按照未来应支付金额的现值确定;

3）可能影响履行现时义务所需金额的相关未来事项,如技术进步、新法规制定等;不应考虑预期处置相关资产的利得。

5.在资产负债表日,公司应当对预计负债的账面价值进行复核。有确凿证据表明该账面价值不能真实反映当前最佳估计数的,应当按照当前最佳估计数对该账面价值进行调整。

6.预计负债确认后,实际发生损失时,应当用预计负债偿付损失。当期实际发生的损失金额与前期确认的预计负债金额不一致的,应分别以下情况进行处理:

1）依据当时实际情况和所掌握的证据,合理预计了预计负债,应当将当期实际发生的损失金额与已确认的相关预计负债之间的差额直接计入当期损益;

2）依据当时实际情况和所掌握的证据,确实无法合理确认和计量产生的损失因而未确认预计负债的,则在该项损失实际发生时直接计入当期损益。

2.11　会计政策、会计估计变更和差错更正

2.11.1　会计政策及变更

1.会计政策

会计政策是指企业在会计确认、计量和报告中所采用的原则、基础和会计处理方法。企业重要会计政策包括:

1）发出存货成本的计量;

2）长期股权投资的后续计量;

3）投资性房地产的后续计量;

4）固定资产的初始计量;

5）无形资产的确认;

6）非货币性资产交换的计量;

7）收入的确认;

8）合同收入与费用的确认;

9）借款费用的处理;

10）合并政策以及其他重要会计政策。

2.会计政策变更

会计政策变更是指企业对相同的交易或者事项由原来采用的会计政策变更改用另一会计政策变更的行为。

1)企业采用的会计政策,在每一会计期间和前后各期应当保持一致,不得随意变更。但是,满足下列条件之一的,可以变更会计政策:

(1)法律、行政法规或者国家统一的会计制度等要求变更;

(2)会计政策变更能够提供更可靠、更相关的会计信息。

2)企业变更会计政策的特别规定:

(1)除法律、行政法规以及国家统一的会计制度要求变更会计政策的,应当按照国家的相关规定执行外,企业因满足上述第2个条件变更会计政策时,必须有充分、合理的证据表明其变更的合理性,并说明变更会计政策后,能够提供关于企业财务状况、经营成果和现金流量等更可靠、更相关的会计信息的理由;

(2)对会计政策的变更,企业应经股东大会或董事会、经理(厂长)会议或类似机构批准,并按照法律、行政法规等的规定报送公司备案。如无充分、合理的证据表明会计政策变更的合理性,或者重新经股东大会或董事会、经理(厂长)会议或类似机构批准擅自变更会计政策的,或者连续、反复地自行变更会计政策的视为滥用会计政策,按照前期差错更正的方法进行处理。

3)下列各项不属于会计政策变更:

(1)本期发生的交易或者事项与以前相比具有本质差别而采用新的会计政策;

(2)对初次发生的或不重要的交易或者事项采用新的会计政策。

3.会计政策变更的会计处理

企业发生会计政策变更时,有两种会计处理方法,即追溯调整法和未来适用法,两种方法适用不同情形。

1)追溯调整法

追溯调整法,是指对某项交易或事项变更会计政策,视同该项交易或事项初次发生时即采用变更后的会计政策,并以此对财务报表相关项目进行调整的方法。采用追溯调整法时,对于比较财务报表期间的会计政策变更,应调整各期间净损益各项目和财务报表其他相关项目,视同该政策在比较财务报表期间一直采用。对于比较财务报表可比期间以前的会计政策变更的累计影响数,应调整比较财务报表最早期间的期初留存收益,财务报表其他相关项目的数字也应一并调整。

会计政策变更累计影响数,是指按照变更后的会计政策对以前各期追溯计算的列报前期最早期初留存收益应有金额与现有金额之间的差额。

确定该项会计政策对列报前期影响数不切实可行的,应当从可追溯调整的最早期间期初开始应用变更后的会计政策。

在当期期初确定会计政策变更对以前各期累计影响数不切实可行的,应当采用未来适用法处理。

2)未来适用法,是指将变更后的会计政策应用于变更日及以后发生的交易或者事项,或者在会计估计变更当期和未来期间确认会计估计变更影响数的方法。

2.11.2 会计估计及变更

1. 会计估计

会计估计,是指企业对结果不确定的交易或者事项以最近可利用的信息为基础所作的判断。企业重要的会计估计包括:

1)存货可变现净值的确定;

2)采用公允价值模式下的投资性房地产公允价值的确定;

3)固定资产的预计使用寿命与净残值;

4)固定资产的折旧方法;

5)使用寿命有效的无形资产的预计使用寿命与净残值;

6)可收回金额按照资产组的公允价值减去处置费用后的净额确定的,确定公允价值减去处置费用后的净额的方法和预计未来现金流量及其折现率的确定;

7)合同完工进度的确定;

8)债务人债务重组中转让的非现金资产的公允价值、由债务转成的股份的公允价值和修改其他债务条件后债务的公允价值的确定;

9）债权人债务重组中受让的非现金资产的公允价值、由债权转成的股份的公允价值和修改其他债务条件后债权的公允价值的确定；

10）预计负债初始计量的最佳估计数的确定；金融资产公允价值的确定；

11）承租人对未确认融资费用的分摊；出租人对未实现融资收益的分配；非同一控制下企业合并成本的公允价值的确定以及其他重要会计估计。

2. 会计估计变更

会计估计变更，是指由于资产和负债的当前状况及预期经济利益和义务发生了变化，从而对资产或负债的账面价值或者资产的定期消耗金额进行调整。包括：

1）赖以进行估计的基础发生了变化；

2）取得了新的信息、积累了更多的经验。

3. 会计估计变更的会计处理

企业对会计估计变更应当采用未来适用法处理，其处理方法为：

1）会计估计变更仅影响当期的，其影响数应当在变更当期予以确认；

2）既影响当期又影响未来期间的，其影响数应当在变更当期和未来期间予以确认；

3）企业通过判断会计政策变更和会计估计变更划分基础仍然难以对某项变更进行区分的，应当将其作为会计估计变更处理。

会计政策变更和会计估计变更很难区分时，按照会计估计变更的处理方法进行处理。

2.11.3 前期差错更正

1. 前期差错

前期差错，是指由于没有运用或错误运用下列两种信息，而对前期财务报表造成省略或错报：

1）编报前期财务报表时预期能够取得并加以考虑的可靠信息；

2）前期财务报告批准报出时能够取得的可靠信息。

2. 企业形成前期差错的情形

1）计算以及账户分类错误；

2)采用法律、行政法规或者国家统一的会计制度等不允许的会计政策变更；

3)对事实的疏忽或曲解以及舞弊；

4)在期末对应计项目与递延项目未予调整；

5)漏记已完成的交易；

6)提前确认尚未实现的收入或不确认已实现的收入；

7)资本性支出与收益性支出划分错误等。

3.前期差错更正的会计处理

1)企业应当采用追溯重述法更正重要的前期差错,但确定前期差错累计影响数不切实可行的除外。

重要的前期差错,是指足以影响财务报表使用者对企业财务状况、经营成果和现金流量作出正确判断的前期差错。

追溯重述法,是指在发现前期差错时,视同该项前期差错从未发生过,从而对财务报表相关项目进行更正的方法。

2)确定前期差错影响数不切实可行的,可以从可追溯重述的最早期间开始调整留存收益的期初余额,财务报表其他相关项目的期初余额也应当一并调整,也可以采用未来适用法。

3)企业应当在重要的前期差错发现当期的财务报表中,调整前期比较数据。

2.12 资产负债表日后事项

1.资产负债表日后事项的范围

资产负债表日后事项包括调整事项和非调整事项。

1)资产负债表日后调整事项,是指对资产负债表日已经存在的情况提供了新的或进一步证据的事项。

2)资产负债表日后非调整事项,是指表明资产负债表日后发生的情况的事项。

划分资产负债表日后事项为调整事项还是非调整事项,取决于该事项表明的情况在资产负债表日或资产负债表日以前是否已经存在。若该情况在资产负债表日或之前已经存在,则属于调整事项;反之,则属于非调整事项。

资产负债表日后事项表明持续经营假设不再适用的,企业不应当在持续经营基础上编制财务报表。

2. 资产负债表日后调整事项

1) 调整事项包括的主要内容

资产负债表日后获得新的或进一步的证据,有助于对资产负债表日存在状况的有关金额作出重新估计,应当作为调整事项,企业有可能出现的调整事项通常包括下列各项:

(1) 资产负债表日后诉讼案件结案,法院判决证实了企业在资产负债表日已经存在现时义务,需要调整原先确认的与该诉讼案件相关的预计负债,或确认一项新负债;

(2) 资产负债表日后取得确凿证据,表明某项资产在资产负债表发生了减值或者需要调整该项资产原先确认的减值金额;

(3) 资产负债表日后进一步确定了资产负债表日前购入资产的成本或售出资产的收入;

(4) 资产负债表日后发现了财务报表舞弊或差错。

2) 调整事项的处理原则

应当如同资产负债表所属期间发生的事项一样,作出相关账务处理,并对资产负债表日已编制的财务报表作相应的调整。具体处理原则如下:

(1) 涉及损益的事项,通过"以前年度损益调整"科目核算。调整增加以前年度利润或调整减少以前年度亏损的事项,记入"以前年度损益调整"科目的贷方;反之,记入"以前年度损益调整"科目的借方。涉及损益的调整事项如果发生在资产负债表日所属年度所得税汇算清缴前的,应调整报告年度应纳税所得额、应纳所得税额;发生在报告年度所得税汇算清缴后的,应调整本年度(即报告年度的次年)应纳所得税额;

(2) 涉及利润分配调整的事项,直接在"利润分配—未分配利润"科目核算;

(3) 不涉及损益以及利润分配的事项,调整相关科目;

(4) 通过上述账务处理后,同时调整会计报表相关项目的数字,包括:

a. 资产负债表日编制的财务报表相关项目的期末数或本年发生数;

b. 当期编制的会计报表相关项目期初数或上年数；

c. 经过上述调整后，如果涉及报表附注内容的，还应当调整报表附注相关项目的数字。

3. 资产负债表日后的非调整事项

1）非调整事项包括的内容

企业发生的资产负债表日后的非调整事项，通常包括下列各项：

（1）资产负债表日后发生重大诉讼、仲裁、承诺；

（2）资产负债表日后资产价格、税收政策以及外汇汇率等发生重大变化；

（3）资产负债表日后因自然灾害导致资产发生重大损失；

（4）资产负债表日后发行股票和债券以及其他巨额举债；

（5）资产负债表日后资本公积转增资本；

（6）资产负债表日后发生巨额亏损；

（7）资产负债表日后发生企业合并或处置子公司；

（8）资产负债表日后，企业利润分配方案中拟分配的以及经审议批准宣告发放的股利或利润。

2）非调整事项的会计处理

企业发生的资产负债表日后的非调整事项，不应当调整资产负债表日的财务报表。重要的非调整事项可能影响资产负债表日以后的财务状况和经营成果，应予以适当披露。

2.13 企业合并

1. 企业合并的定义及分类

1）企业合并是将两个或两个以上单独的企业合并形成一个报告主体的交易或事项。企业判断是否形成企业合并，关键看有关交易或事项发生前后，涉及控制权的转移并形成报告主体的变化情况。

2）企业合并的类型分为两大基本类型：同一控制下的企业合并与非同一控制下的企业合并。

（1）同一控制下的企业合并，是指参与合并的企业在合并前后均受同一方或相同的多方最终控制且该控制并非暂时性的。

同一控制下的企业合并一般发生于企业公司内部,如公司内母子公司之间、子公司与子公司之间等。

企业中若出现母公司将其持有的对某子公司的控股权用于交换另一子公司增加发行的股份、公司内某子公司自另一子公司处取得对某一孙公司的控制权等,原则上应作为同一控制下的企业合并。

(2)非同一控制下的企业合并,是指参与合并各方在合并前后不受同一方或相同的多方最终控制的合并交易,是参与合并的一方购买另一方或多方的交易。

2. 同一控制下和非同一控制下企业合并的会计处理方法

1)同一控制下的企业合并

参与合并的企业在合并前后均受同一方或相同的多方最终控制且该控制并非暂时性的,为同一控制下的企业合并。通常情况下,同一控制下的企业合并是指发生在同一公司内部企业之间的合并,除此之外,一般不作为同一控制下的企业合并。

公司作为合并方在企业合并中取得的资产、负债,按照合并日被合并方在最终控制方合并财务报表中的账面价值计量。同一控制下的控股合并形成的长期股权投资,公司以合并日应享有被合并方账面所有者权益的份额作为形成长期股权投资的初始投资成本,相关会计处理见长期股权投资;同一控制下的吸收合并取得的资产、负债,按照相关资产、负债在被合并方的原账面价值入账。公司取得的净资产账面价值与支付的合并对价账面价值(或发行股份面值总额)的差额,调整资本公积;资本公积不足冲减的,调整留存收益。

公司作为合并方为进行企业合并发生的各项直接相关费用,包括支付的审计费用、评估费用以及法律服务费等,于发生时计入当期损益。

为企业合并发行的债券或承担其他债务支付的手续费、佣金等,计入所发行债券及其他债务的初始计量金额。企业合并中发行权益性证券发生的手续费、佣金等费用,应当抵减权益性证券溢价收入,溢价收入不足冲减的,冲减留存收益。

同一控制下的控股合并形成母子关系的,母公司在合并日编制合并财务报表,包括合并资产负债表、合并利润表和合并现金流量表。

合并资产负债表,以被合并方在最终控制方合并财务报表中的账面价值并入合并财务报表,合并方与被合并方在合并日及以前期间发生的交易,作为内部交易,按照"合并财务报表"有关原则进行抵消;合并利润表和现金流量表,包含合并方及被合并方自合并当期期初至合并日实现的净利润和产生的现金流量,涉及双方在当期发生的交易及内部交易产生的现金流量,按照合并财务报表的有关原则进行抵消。

2)非同一控制下的企业合并

参与合并的各方在合并前后不受同一方或相同的多方最终控制的,为非同一控制下的企业合并。

确定企业合并成本:企业合并成本包括购买方为进行企业合并支付的现金或非现金资产、发行或承担的债务、发行的权益性证券等在购买日的公允价值。

非同一控制下的企业合并中,购买方为企业合并发生的审计、法律服务、评估咨询等中介费用以及其他相关管理费用,于发生时计入当期损益;购买方作为合并对价发行的权益性证券或债务性证券的交易费用,计入权益性证券或债务性证券的初始确认金额。

非同一控制下的控股合并取得的长期股权投资,公司以购买日确定的企业合并成本(不包括被投资单位收取的现金股利和利润),作为对被购买方长期股权投资的初始投资成本;非同一控制下的吸收合并取得的符合确认条件的各项可辨认资产、负债,公司在购买日按照公允价值确认为本企业的资产和负债。公司以非货币资产为对价取得被购买方的控制权或各项可辨认资产、负债的,有关非货币资产在购买日的公允价值与其账面价值的差额,作为资产的处置损益,计入合并当期的利润表。

非同一控制下的企业合并中,企业合并成本大于合并中取得的被购买方可辨认净资产公允价值份额的差额,确认为商誉;在吸收合并情况下,该差额在母公司个别财务报表中确认为商誉;在控股合并情况下,该差额在合并财务报表中列示为商誉。

企业合并成本小于合并中取得的被购买方可辨认净资产公允价值份额的差

额,公司经复核后计入合并当期损益(营业外收入)。在吸收合并情况下,该差额计入合并当期母公司个别利润表;在控股合并情况下,该差额计入合并当期的合并利润表。

通过多次交换交易分步实现的非同一控制下企业合并,属于一揽子交易的,将各项交易作为一项取得控制权的交易进行会计处理;不属于一揽子交易的,对于购买日之前持有的被购买方的股权,应当按照该股权在购买日的公允价值进行重新计量,公允价值与其账面价值的差额计入当期投资收益;购买日之前持有的被购买方的股权涉及其他综合收益的,与其相关的其他综合收益应当转为购买日所属当期投资收益,由于被投资方重新计量设定受益计划净负债或净资产变动而产生的其他综合收益除外。

3. 合并财务报表的编制方法

1)合并财务报表的合并范围

合并财务报表的合并范围以控制为基础予以确定。控制,是指公司拥有对被投资单位的权力,通过参与被投资单位的相关活动而享有可变回报,并且有能力运用对被投资单位的权力影响其回报金额。子公司,是指被公司控制的主体(含企业、被投资单位中可分割的部分、结构化主体等)。

2)合并财务报表的编制方法

合并财务报表以母公司和各子公司的财务报表为基础,根据其他有关资料编制。编制时将母公司与各子公司及各子公司之间的重要投资、往来、存货购销等内部交易及其未实现利润抵销后逐项合并,并计算少数股东权益和少数股东本期收益。如果子公司会计政策及会计期间与母公司不一致,合并前先按母公司的会计政策及会计期间调整子公司会计报表。

3)报告期内增加减少子公司的合并报表处理

在报告期内,因同一控制下企业合并增加的子公司,编制合并资产负债表时,调整合并资产负债表的年初余额。因非同一控制下企业合并增加的子公司,编制合并资产负债表时,不调整合并资产负债表的年初余额。在报告期内处置子公司,编制合并资产负债表时,不调整合并资产负债表的年初余额。

在报告期内,因同一控制下企业合并增加的子公司,将该子公司在合并当期的期初至报告期末的收入、费用、利润纳入合并利润表,将该子公司合并当期期初至报告期末的现金流量纳入合并现金流量表。因非同一控制下企业合并增加的子公司,将该子公司自购买日至报告期末的收入、费用、利润纳入合并利润表,将该子公司购买日至报告期末的现金流量纳入合并现金流量表。在报告期内处置子公司,将该子公司期初至处置日的收入、费用、利润纳入合并利润表,将该子公司期初至处置日的现金流量纳入合并现金流量表。

因处置部分股权投资或其他原因丧失了对原有子公司控制权时,对于处置后的剩余股权投资,按照其在丧失控制权日的公允价值进行重新计量。处置股权取得的对价与剩余股权公允价值之和,减去按原持股比例计算应享有原有子公司自购买日开始持续计算的净资产的份额与商誉之和的差额,计入丧失控制权当期的投资收益。与原有子公司股权投资相关的其他综合收益,在丧失控制权时转为当期投资收益,由于被投资方重新计量设定收益计划净负债或净资产变动而产生的其他综合收益除外。

因购买少数股权新取得的长期股权投资与按照新增持股比例计算应享有子公司的可辨认净资产份额之间的差额,以及在不丧失控制权的情况下因部分处置对子公司的股权投资而取得的处置价款与处置长期股权投资相对应享有子公司净资产份额的差额,均调整合并资产负债表中的资本公积中的股本溢价,资本公积中的股本溢价不足冲减的,调整留存收益。

4) 分步处置股权及丧失控股权的合并报表处理

处置对子公司股权投资直至丧失控制权的各项交易属于一揽子交易的,将各项交易作为一项处置子公司并丧失控制权的交易进行会计处理;但是,在丧失控制权之前每一次处置价款与处置投资对应的享有该子公司净资产份额的差额,在合并财务报表中确认为其他综合收益,在丧失控制权时一并转入丧失控制权当期的损益,由于被投资方重新计量设定收益计划净负债或净资产变动而产生的其他综合收益除外。不属于一揽子交易的,在丧失控制权之前,处置价款与相对应享有子公司自购买日开始持续计算的净资产之间的差额调整资本公积,资本公积不足冲减的,调整留存收益;丧失控制权时,按照前述丧失对原有子公司控制权时的会计政策实施会计处理。

2.14 关联方披露

1. 关联方披露范围

企业应当在财务报表中披露所有可能受关联方关系、关联方交易及其未结算余额影响的关联方及其交易的相关信息。具体为企业与其母公司、企业与其子公司、企业与其合营企业、企业与其联营企业、企业与该企业的主要投资者个人及与其关系密切的家庭成员、企业与该企业或其母公司的关键管理人员及与其关系密切的家庭成员之间发生的下列关联方交易包括的交易事项。

对外提供合并财务报表的,对于已经包括在合并范围内各企业之间的交易不予披露。

2. 关联方关系及关联方交易的确认

1)关联方

(1)关联方的确认

在企业财务和经营决策中,如果一方控制、共同控制另一方或对另一方施加重大影响,以及两方或两方以上同受一方控制、共同控制或重大影响的,构成企业的关联方。

控制,是指有权决定一个公司的财务和经营政策,并能据以从该公司的经营活动中获取利益。

共同控制,是指按照合同约定对某项经济活动所共有的控制,仅在与该项经济活动相关的重要财务和经营决策需要分享控制权的投资方一致同意时存在。

重大影响,是指对一个公司的财务和经营政策有参与决策的权力,但并不能够控制或者与其他方一起共同控制这些政策的制定。

(2)企业关联方主要包括:

①公司与公司全资子公司、公司控股子公司、公司所属其他企业之间;

②公司全资子公司、公司控股子公司、公司所属其他企业之间互为关联方;

③企业与其下属企业、全资子公司、控股子公司、有重大影响的企业之间;

④企业与其合营或联营公司之间;

⑤企业与低价购买本企业资产或者由本企业人员集资成立并由本企业关键

管理人员担任法人代表或主要负责人的企业之间;

⑥企业与该企业的主要投资者个人及与其关系密切的家庭成员之间;

⑦企业与该企业或其母公司的关键管理人员及与其关系密切的家庭成员之间。

仅仅同受国家控制而不存在其他关联方关系的企业,不构成关联方。

2)关联方交易

关联方交易,是指关联方之间转移资源、劳务或义务的行为,而不论是否收取价款。企业关联方交易的类型通常包括下列各项:①购买或销售商品;②购买或销售商品以外的其他资产;③提供或接受劳务;④担保;⑤提供资金(贷款或股权投资);⑥租赁;⑦代理;⑧研究与开发项目的转移;⑨许可协议;⑩代表企业或由企业代表另一方进行债务结算;⑪关键管理人员薪酬。

3)关联方关系及其交易的披露

(1)企业无论是否发生关联方交易,均应当在附注中披露与母公司和子公司有关的下列信息:

①母公司和子公司的名称,如果母公司不是该企业最终控制方的,还应该披露企业公司内对该企业享有最终控制权的企业的名称。母公司和最终控制方均不对外提供财务报表的,还应当披露母公司之上与其最相近的对外提供财务报表的母公司名称;

②母公司和子公司的业务性质、注册地、注册资本(或实收资本、股本)及其变化;

③母公司对该企业或者该企业对子公司的持股比例和表决权比例。

(2)企业与关联方发生关联方交易的,应当在附注中披露该关联方关系的性质、交易类型及交易要素。交易要素至少应当包括:①交易的金额;②未结算项目的金额、条款和条件,以及有关提供或取得担保的信息;③未结算应收项目坏账准备金额;④定价政策。

(3)关联方交易应当分别关联方以及交易类型予以披露。类型相似的关联方交易,在不影响财务报表阅读者正确理解关联方交易对财务报表影响的情况下,可以合并披露。

3

会计科目及使用说明

3 会计科目及使用说明

3.1 会计科目表

表7 会计科目表

科目代码	科目名称	科目代码	科目名称
1001	现金	2001	短期借款
1002	银行存款	2002	存入保证金
1005	期货保证金存款	2005	应付货币保证金
1012	其他货币资金	2006	代理交易结算资金
1031	存出保证金	2007	代理兑付债券款
1032	结算备付金	2101	交易性金融负债
1101	交易性金融资产	2125	应付分保账款
1102	买入返售金融资产	2201	应付票据
1121	应收票据	2202	应付账款
1122	应收账款	2203	预收账款
1123	预付账款	2204	合同负债
1131	应收股利	2205	应付利息
1132	应收利息	2206	卖出回购金融资产款
1201	应收代偿款	2211	应付职工薪酬
1202	应收保费	2221	应交税费
1203	应收分保账款	2230	应付手续费及佣金
1204	应收货币保证金	2232	应付股利
1205	应收质押保证金	2234	应付质押保证金
1206	应收结算担保金	2235	期货风险准备金
1207	应收风险损失款	2236	应付期货投资者保障基金
1210	应收手续费及佣金	2238	代理买卖证券款
1212	应收共保账款	2241	其他应付款
1213	应收分保未到期责任准备金	2401	递延收益
1214	应收分保未决赔偿准备金	2403	其他流动负债
1221	其他应收款	2404	保险合同准备金

续表

科目代码	科目名称	科目代码	科目名称
1231	坏账准备	2501	长期借款
1301	贷款	2502	应付债券
1303	贷款损失准备	2701	长期应付款
1305	委托贷款	2702	租赁负债
1402	在途物资	2801	预计负债
1403	原材料	2901	递延所得税负债
1405	库存商品	2902	持有待售负债
1406	存货跌价准备	4001	实收资本
1463	其他流动资产	4002	资本公积
1464	其他流动资产减值准备	4003	其他综合收益
1473	合同资产	4004	其他权益工具
1474	合同资产减值准备	4101	盈余公积
1481	持有待售资产	4102	一般风险准备
1482	持有待售资产减值准备	4103	本年利润
1503	债权投资	4104	利润分配
1504	债权投资减值准备	4105	担保扶持基金
1506	其他债权投资	5001	研发支出
1507	其他债权投资减值准备	5002	开发成本
1508	其他权益工具投资	5003	合同履约成本
1509	其他权益工具投资减值准备	5101	开发间接费
1510	其他非流动金融资产	5201	劳务成本
1511	其他非流动金融资产减值准备	6001	营业收入
1512	长期股权投资	6002	利息收入
1513	长期股权投资减值准备	6004	已赚保费
1514	期货会员资格投资	6021	手续费及佣金收入
1531	长期应收款	6041	营业成本
1532	未实现融资收益	6042	利息支出

续表

科目代码	科目名称	科目代码	科目名称
1540	投资性房地产	6043	手续费及佣金支出
1541	投资性房地产累计折旧	6044	退保金
1542	投资性房地产减值准备	6045	赔付支出净额
1601	固定资产	6046	提取准备金净额
1602	在建工程	6047	保单红利支出
1603	累计折旧	6048	分保费用
1604	固定资产减值准备	6403	税金及附加
1606	固定资产清理	6601	销售费用
1607	工程物资	6602	业务及管理费用
1608	融资租赁资产	6603	研发费用
1701	无形资产	6604	财务费用
1702	累计摊销	6605	公允价值变动损益
1703	无形资产减值准备	6701	资产减值损失
1704	使用权资产	6703	信用减值损失
1705	使用权资产累计折旧	6704	资产处置损益
1706	使用权资产减值准备	6706	投资收益
1801	长期待摊费用	6707	其他收益
1811	递延所得税资产	6708	营业外收入
1901	待处理财产损溢	6711	营业外支出
		6801	所得税费用
		6901	以前年度损益调整

二、三级以及末级明细的设置见"3.2 会计科目使用说明"。

3.2 会计科目使用说明

3.2.1 资产类

1001 现金

1. 核算内容说明

1)本科目是核算公司的库存现金。内部周转使用的备用金,在"其他应收款"科目核算,不在本科目核算。

2)本科目需要根据现金收入、支出的不同类别,设立"现金流量"项目辅助核算,库存现金和银行存款间业务不涉及现金流。

3)公司严格按照国家有关现金管理的规定收支现金,超过库存现金限额的部分及时交存银行,并严格按照本办法规定核算现金的各项收支业务。

4)公司应当设置"现金日记账",由出纳人员根据收付款凭证,按照业务的发生顺序逐笔登记现金日记账,每日终了,应当计算当日的现金收入合计数、现金支出合计数和结余数,并将结余数与实际库存数核对,做到账款相符。

5)有外币现金的企业,应当分别以人民币和各种外币设置"现金日记账"进行明细核算。

6)本科目期末借方余额,反映公司实际持有的库存现金。

2. 相关账务处理

1)收到现金时,借记本科目,贷记有关科目;支出现金时,借记有关科目,贷记本科目。

2)每日终了结算现金收支、财产清查等发现的有待查明原因的现金短缺或溢余,应通过"待处理财产损溢"科目核算。属于现金短缺的,应按实际短缺的金额,借记"待处理财产损溢—待处理流动资产损溢"科目,贷记本科目;属于现金溢余,按实际溢余的金额,借记本科目,贷记"待处理财产损溢—待处理流动资产损溢"科目。待查明原因后做如下处理:

如为现金短缺,属于应由责任人赔偿的部分,借记"其他应收款"或"现金"

等科目,贷记"待处理财产损溢——待处理流动资产损溢"科目;属于应由保险公司赔偿的部分,借记"其他应收款"科目,贷记"待处理财产损溢——待处理流动资产损溢"科目;属于无法查明的其他原因,根据管理权限,经批准后处理,借记"管理费用"科目,贷记"待处理财产损溢——待处理流动资产损溢"科目。

如为现金溢余,属于应支付给有关人员或公司的,应借记"待处理财产损溢——待处理流动资产损溢"科目,贷记"其他应付款"科目;属于无法查明原因的现金溢余,经批准后,借记"待处理财产损溢——待处理流动资产损溢"科目,贷记"营业外收入"科目。

1002 银行存款

1. 核算内容说明

1)本科目是核算公司存入银行和其他金融机构的各种存款。其中外埠存款、银行本票存款、银行汇票存款、信用卡存款和信用证保证金存款等在"其他货币资金"科目核算,不在本科目核算。

2)明细科目的设置:二级科目按银行名称分类(如:工行、农行、建行、中行等),并且设置"现金流量"辅助核算。

3)公司应该严格按照国家有关支付结算办法,正确地进行银行存款收支业务的结算,并按照《企业会计准则》的规定核算银行存款的各项收支业务。

4)公司应按开户银行和其他金融机构、存款种类等,分别设置"银行存款日记账"。"银行存款日记账"应定期与"银行对账单"核对,至少每月核对一次。月度终了,账面余额与银行对账单余额之间如有差额,必须逐笔查明原因进行处理,并按月编制"银行存款余额调节表"调节相符。

5)公司应加强对银行存款的管理,并定期对银行存款进行检查,如果有确凿证据表明存在银行或其他金融机构的款项已经部分不能收回,或者全部不能收回的,应当按照规定进行申报作为当期损失,冲减银行存款,借记"营业外支出"科目,贷记本科目。

6)有外币存款的企业,应分别以人民币和各种外币设置"银行存款日记账"

进行明细核算。外币业务的账务处理,按照《企业会计准则》的具体规定执行。企业发生外币业务时,应将有关外币金额折合为人民币记账。除另有规定外,所有与外币业务有关的账户,应采用业务发生时的汇率,也可以采用业务发生当期期初的汇率折合。

7)本科目期末借方余额,反映公司实际存在银行或其他金融机构的款项。

2. 相关账务处理

1)企业收到银行存款时,借记本科目,贷记"收入、往来款"等;支付银行存款时,借记"成本、费用、往来款"等,贷记本科目。

2)银行存款的收款凭证和付款凭证的填制日期和依据

(1)采用银行汇票方式。应将汇票、解讫通知和进账单送交银行,根据银行退回的进账单和有关原始凭证编制收款凭证;付款时应在收到银行签发的银行汇票后,根据"银行汇票申请书(存根)"联编制付款凭证。如有多余款项或因汇票超过付款期等原因而退款时,应根据银行多余款收账通知编制收款凭证。

(2)采用商业汇票方式。商业汇票按承兑人不同分为商业承兑汇票和银行承兑汇票。

①采用商业承兑汇票方式收款时,将要到期的商业承兑汇票连同填制的邮划或电划委托收款凭证,一并送交银行办理转账,根据银行的收账通知,据以编制收款凭证;在收到银行的付款通知时,据以编制付款凭证。

②采用银行承兑汇票方式收款时,将要到期的银行承兑汇票连同填制的邮划或电划委托收款凭证,一并送交银行办理转账,根据银行的收账通知,据以编制收款凭证;在收到银行的付款通知时,据以编制付款凭证。将未到期的商业汇票向银行申请贴现时,应按规定填制贴现凭证,连同汇票一并送交银行,根据银行的收账通知,据以编制收款凭证。

(3)采用银行本票方式。按规定受理银行本票后,应将本票连同进账单送交银行办理转账,根据银行盖章退回的进账单第一联和有关原始凭证编制收款凭证;付款时,在填送"银行本票申请书"并将款项交存银行,收到银行签发的银行本票后,根据申请书存根联编制付款凭证。因银行本票超过付款期限或其他原因要求退款时,在交回本票和填制的进账单经银行审核盖章后,根据进账单第一联编制收款凭证。

（4）采用支票方式。对于收到的支票,应在收到支票的当日填制进账单连同支票送交银行,根据银行盖章退回的进账单第一联和有关原始凭证编制收款凭证,或根据银行转来由签发人送交银行支票后,经银行审查盖章的进账单第一联和有关原始凭证编制收款凭证;对于付出的支票,应根据支票存根和有关原始凭证及时编制付款凭证。

（5）采用汇兑结算方式。对于汇入的款项,应在收到银行的收账通知时,据以编制收款凭证;对于汇出的款项,应在向银行办理汇款后,根据汇款回单编制付款凭证。

（6）采用委托收款结算方式。对于托收款项,根据银行的收账通知,据以编制收款凭证;在收到银行转来的委托收款凭证后,根据委托收款凭证的付款通知和有关的原始凭证,编制付款凭证。如在付款期满前提前付款,应于通知银行付款之日,编制付款凭证。如拒绝付款,不作账务处理。

（7）采用托收承付结算方式。对于托收款项,根据银行的收账通知和有关的原始凭证,据以编制收款凭证;对于承付的款项,应于承付时根据托收承付结算凭证的承付支款通知和有关发票账单等原始凭证,据以编制付款凭证。如拒绝付款,属于全部拒付的,不作账务处理;属于部分拒付的,付款部分按上述规定处理,拒付部分不作账务处理。

3）期末,将各种外币货币性账户(包括外币现金、银行存款以及以外币结算的债权和债务等)的期末余额按期末汇率折合为人民币,期末汇率折合的人民币金额与原账面人民币金额之间的差额为汇兑损益,分别情况处理,其中:筹建期间发生的汇兑损益,计入长期待摊费用;与购建固定资产有关的外币专门借款产生的汇兑损益,按借款费用的处理原则处理;除上述情况外,汇兑损益均计入当期损益。因银行结售、购入外汇或不同外币兑换而产生的银行买入价、卖出价与折合汇率之间的差额,计入当期损益。

1005 期货保证金存款

1. 核算内容说明

1)本科目是核算期货公司收到客户或分级结算制度下全面结算会员收到的非结算会员缴存的货币保证金以及期货公司存入期货保证金账户的款项。

2)本科目可按银行存款账户进行明细核算。

3)本科目期末借方余额,反映期货公司收到客户或分级结算制度下全面结算会员收到非结算会员缴存的货币保证金金额以及存入期货保证金账户的款项。

2. 相关账务处理

1)期货公司收到客户或分级结算制度下全面结算会员收到非结算会员缴存的货币保证金时,按缴存的货币保证金金额,借记本科目,贷记"应付货币保证金"科目。

期货公司向客户或分级结算制度下全面结算会员向非结算会员划出货币保证金时,按划出的货币保证金金额,借记"应付货币保证金"科目,贷记本科目。

2)期货公司向期货保证金账户存入资金时,按存入的资金金额,借记本科目,贷记"银行存款"科目。

期货公司从期货保证金账户划回资金时,按划回的资金金额,借记"银行存款"科目,贷记本科目。

1012 其他货币资金

1. 核算内容说明

1)本科目是核算除库存现金、银行存款以外的各种其他货币资金,包括外埠存款、银行本票存款、银行汇票存款、信用卡存款、信用证保证金存款、票据承兑保证金、存出投资款和担保函押金等。

2)本科目设置"结构性存款""定期存款""证券账户资金""存出投资款"

"保证金存款""银行汇票存款""客户备付金""其他"等明细科目进行核算,并设置客商辅助核算。

3)本科目期末借方余额,反映公司实际持有的其他货币资金。

2. 相关账务处理

1)公司办理结构性存款、定期存款等,将存款金额由"银行存款"科目转入"其他货币资金"科目。到期由"其他货币资金"科目转回"银行存款"科目。

2)公司向银行融资或办理票据业务,须在向银行存入保证金后,将保证金的金额由"银行存款"科目转入"其他货币资金"科目。收回保证金,保证金到期且银行解冻后,将保证金的金额由"其他货币资金"科目转回"银行存款"科目。

3)存出投资款,是指已存入证券公司但尚未进行短期投资的现金。向证券公司划出资金时,应按实际划出的金额,借记本科目,贷记"银行存款"科目;购买股票、债券等时,按实际发生的金额,借记"短期投资"科目,贷记本科目。

4)担保函押金,是指因业务需要向银行申请开立投标、履约、付款、质量等保函时按规定存入银行的保证金。

5)客户采用微信或支付宝等支付工具、POS机付款,借记本科目,贷记"预收款项""应收账款""主营业务收入""应交税费"等科目。支付工具款项、POS机款项转入银行账户的,借记"银行存款""财务费用—手续费"等科目,贷记本科目。银行汇票(本票)存款,是指企业为取得银行汇票(本票)按规定存入银行的款项。取得银行汇票(本票)后,根据银行盖章退回的申请书存根联,借记本科目,贷记"银行存款"科目。使用银行汇票(本票)后,根据发票账单等有关凭证,借记有关科目,贷记本科目;如有多余款或因汇票超过付款期等原因而退回款项,根据开户行转来的收账通知,借记"银行存款"科目,贷记本科目。对于逾期尚未办理结算的银行汇票、银行本票等,应按规定及时转回,借记"银行存款"科目,贷记本科目。

1031 存出保证金

1. 核算内容说明

1)本科目是核算公司按规定比例存出的担保保证金、公司分入分担保业务按合同规定存出的分担保保证金以及按监管规定比例缴存的资本保证金。

2)本科目设置"存出担保保证金""存出分担保保证金""存出资本保证金"等明细科目。并按存入银行设置明细账,进行明细核算,客商辅助核算等。

3)本科目期末借方余额,反映公司存出的担保保证金、分担保保证金及资本保证金等。

2. 相关账务处理

1)存出担保保证金是按存出担保保证金金额,借记本科目,贷记"银行存款"科目。减少或收回保证金时,借记"银行存款"科目,贷记本科目。

2)存出分担保保证金是按存出分担保保证金金额,借记本科目,贷记"银行存款"科目;减少或收回分担保保证金时,借记"银行存款"科目,贷记本科目;已确认的分担保损失,借记"担保赔偿准备"科目,贷记本科目和"银行存款"等科目。

3)存出资本保证金是核算公司按监管规定比例缴存的资本保证金,其账户进行明细核算。存出资本保证金时,借记本科目,贷记"银行存款"科目,资产负债表日,应按合同约定的利率计算确定存出资本保证金的应收利息金额,借记"应收利息"科目,贷记"利息收入"科目。本科目期末借方余额,反映公司按规定比例缴存的资本保证金余额。

1032 结算备付金

1. 核算内容说明

1)本科目是核算期货公司为证券交易的资金清算与交收而存入指定清算代理机构的款项。向客户收取的结算手续费、向证券交易所支付的结算手续费,也通过本科目核算。

2)本科目可按清算代理机构等进行明细核算。

3)本科目期末借方余额,反映期货公司存在指定清算代理机构的款项。

2. 相关账务处理

1)期货公司将款项存入清算代理机构,借记本科目,贷记"期货保证金存款"等科目;从清算代理机构划回资金做相反的会计分录。

2）接受客户委托,买入证券成交总额大于卖出证券成交总额的,应按买卖证券成交价的差额加上代扣代交的相关税费和应向客户收取的佣金等之和,借记"代理买卖证券款"科目,贷记本科目。按期货公司应负担的交易费用,借记"手续费及佣金支出""应交税费"等科目,按应向客户收取的手续费及佣金,贷记"手续费及佣金收入""应交税费"等科目,按其差额,借记本科目。

3）接受客户委托,卖出证券成交总额大于买入证券成交总额的,应按买卖证券成交价的差额减去代扣代交的相关税费和应向客户收取的佣金等后的余额,借记本科目,贷记"代理买卖证券款"科目。按期货公司应负担的交易费用,借记"手续费及佣金支出""应交税费"等科目,按应向客户收取的手续费及佣金,贷记"手续费及佣金收入""应交税费"等科目,按其差额,借记本科目。

1101 交易性金融资产

1. 核算内容说明

1）本科目是核算以公允价值计量且其变动计入当期损益的金融资产。

2）本科目设置"理财产品""股票""基金""资管产品""套期工具""基金管理""其他"等明细科目,分别设置"成本""公允价值变动"等三级科目进行核算,设置客商、项目辅助核算。

3）本科目应当按照以公允价值计量且其变动计入当期损益的金融资产的类别和品种,分别在"成本""公允价值变动"等科目进行明细核算。每季度末应计提交易性金融资产公允价值变动损益。

4）本科目期末借方余额,反映公司以公允价值计量且其变动计入当期损益的金融资产的公允价值。

2. 相关账务处理

1）公司取得以公允价值计量且其变动计入当期损益的金融资产时,按以公允价值计量且其变动计入当期损益的金融资产的公允价值,借记本科目(成本),按发生的交易费用,借记"投资收益"科目,按已宣告但尚未发放的现金股利或已到付息期但尚未领取的利息,借记"应收股利(利息)"科目,按实际支付的金额,贷记"银行存款"科目。在持有以公允价值计量且其变动计入当期损益的金融资产期间被投资公司宣告发放的现金股利或在资产负债表日按债券票面利率计算利息时,借记"应收股利(利息)"科目,贷记"投资收益"科目,在实际收到现金股利或利息时,借记"银行存款"科目,贷记"应收股利(利息)"科目。

2)资产负债表日,以公允价值计量且其变动计入当期损益的金融资产的公允价值高于其账面余额的差额,借记本科目(公允价值变动),贷记"公允价值变动损益"科目;公允价值低于其账面余额的差额,做相反的会计分录。

3)被投资公司宣告发放现金股利或分派利润时,借记"应收股利"科目,贷记"投资收益"科目,实际收到现金股利时,借记"银行存款"科目,贷记"应收股利"科目。

4)期末按债券投资的面值及票面利率计提利息收入,借记"应收利息",贷记"投资收益";实际收到利息时,借记"银行存款",贷记"应收利息"。

5)出售以公允价值计量且其变动计入当期损益的金融资产时,应按实际收到的金额与以公允价值计量且其变动计入当期损益的金融资产(成本、公允价值变动)之间的差额,贷记或借记"投资收益"科目。

6)重分类是指企业将一项以公允价值计量且其变动计入当期损益的金融资产重分类为以摊余成本计量的金融资产时,应当以其在重分类日的公允价值作为新的账面余额,借记"债权投资",贷记"交易性金融资产",差额记"公允价值变动损益"。

企业将一项以公允价值计量且其变动计入当期损益的金融资产重分类为以公允价值计量且其变动计入其他综合收益的金融资产,应当继续以公允价值计量该金融资产,借记"其他债权投资",贷记"交易性金融资产"。

1102 买入返售金融资产

1. 核算内容说明

1)本科目是核算企业(金融)按照返售协议约定先买入再按固定价格返售

的票据、证券、贷款等金融资产所融出的资金。

2）本科目可按买入返售金融资产的类别和融资方进行明细核算（如：交易所债券、银行间债券）。

3）本科目期末借方余额，反映企业买入的尚未到期返售金融资产摊余成本。

2. 相关账务处理

1）企业根据返售协议买入金融资产时，应按实际支付的金额，借记本科目，贷记"存放中央银行款项""结算备付金""银行存款"等科目。

2）资产负债表日，按照实际利率法计算的利息收入，借记本科目（买入返售金融资产—应计利息），贷记"利息收入"科目。

3）返售日，应按实际收到的金额，借记"存放中央银行款项""结算备付金""银行存款"等科目，按其账面余额，贷记本科目、"应收利息"科目，按其差额，贷记"利息收入"科目。

1121 应收票据

1. 核算内容说明

1）本科目是核算公司因销售商品、提供劳务等而收到的商业汇票，包括银行承兑汇票和商业承兑汇票。

2）本科目设置"银行承兑汇票""商业承兑汇票""信用证""其他"等明细科目进行核算，并设置客商、项目辅助核算。

3）本科目期末借方余额，反映公司持有的商业汇票的票面价值和应计利息。

2. 相关账务处理

1）公司因销售商品、提供劳务等而收到开出、承兑的商业汇票，按应收票据的面值，借记本科目，按实现的营业收入，贷记"主营业务收入"科目，按专用发票上注明的增值税额，贷记"应交税费—应交增值税（销项税额）"科目。

公司收到应收票据以抵偿应收账款时，应按应收票据面值，借记本科目，贷记"应收账款"科目。

如为带息应收票据，应于期末时，按应收票据的票面价值和确定的利率计算计提利息,计提的利息计为增加应收票据的账面余额,借记本科目,贷记"财务费用"科目。

2)公司持未到期的应收票据向银行贴现,应根据银行盖章退回的贴现凭证第四联收账通知,按实际收到的金额(即减去贴现息后的净额),借记"银行存款"科目,按贴现息部分,应借记"财务费用"科目,按应收票据的票面余额,贷记本科目。如为带息应收票据,按实际收到的金额,借记"银行存款"科目,按应收票据的账面余额,贷记本科目,按其差额,借记或贷记"财务费用"科目。

贴现的商业承兑汇票到期,因承兑人的银行账户不足支付,申请贴现的公司收到银行退回的应收票据、支款通知和拒绝付款理由书或付款人未付票款通知书时,按所付本息,应借记"应收账款"科目,贷记"银行存款"科目;如果申请贴现公司的银行存款账户余额不足,银行作逾期贷款处理时,应按转作贷款的本息,借记"应收账款"科目,贷记"短期借款"科目。

3)公司将持有的应收票据背书转让,以取得所需物资时,按应计入取得物资成本的价值,借记"库存商品"科目,按专用发票上注明的增值税额,借记"应交税费—应交增值税(进项税额)"科目,按应收票据的账面余额,贷记本科目,如有差额,借记或贷记"银行存款"等科目。

如为带息应收票据,公司将持有的应收票据背书转让,以取得所需物资时,按应计入取得物资成本的价值,借记"物资采购"或"原材料""库存商品"等科目,按专用发票上注明的增值税额,借记"应交税费—应交增值税(进项税额)"科目,按应收票据的账面余额,贷记本科目,按尚未计提的利息,贷记"财务费用"科目,按应收或应付的金额,借记或贷记"银行存款"等科目。

4)收回应收票据,按实际收到的金额,借记"银行存款"科目,按应收票据的账面余额,贷记本科目,按其差额,贷记"财务费用"科目(未计提利息部分)。

因付款人无力支付票款,收到银行退回的商业承兑汇票、委托收款凭证、未付票款通知书或拒绝付款证明等,按应收票据的账面余额,借记"应收账款"科目,贷记本科目。

到期不能收回的带息应收票据,转入"应收账款"科目核算后,期末不再计提利息,其所包含的利息,在有关备查簿中进行登记,待实际收到时再冲减收到当期的财务费用。

5）公司设置"应收票据备查簿"，逐笔登记每一应收票据的种类、号数和出票日期、票面金额、票面利率、交易合同号和付款人、承兑人、背书人的姓名或公司名称、到期日、背书转让日、贴现日期、贴现率和贴现净额、未计提的利息，以及收款日期和收回金额、退票情况等资料，应收票据到期结清票款或退票后，在备查簿内逐笔注销。

1122 应收账款

1. 核算内容说明

1）本科目是核算企业因销售商品、提供劳务等经营活动应收取的款项。因销售商品、提供劳务等，采用递延方式收取合同或协议价款、实质上具有融资性质的，在"长期应收款"科目核算。一般应单独设置"预收账款"科目核算预收的货款，但如果预收账款业务较少，预收的账款也可在本科目核算，设置账龄核算，由系统自动计算账龄。

2）本科目设置"应收保理款本金""应收供应链贸易款""应收信息服务费""应收担保损失补贴款""销售商品款""应收基金管理费""应收挂牌展示费""应收登记托管费""应收债券发行费""应收政府购买项目费""应收中介机构管理费""应收咨询服务费""其他"等明细科目进行核算，其中："应收保理款本金"设置客商、款项类型辅助核算，其他明细科目设置客商、项目、部门辅助核算。

3）本科目期末借方余额，反映公司尚未收回的应收账款；期末如为贷方余额，反映公司预收的账款，在报表上应列示为"预收款项"。

2. 相关账务处理

1）公司发生应收账款时，按应收金额，借记本科目，按实现的营业收入，贷记"主营业务收入"等科目，按专用发票上注明的增值税额，贷记"应交税费——应交增值税（销项税额）"科目；收回应收账款时，借记"银行存款"等科目，贷记本科目。公司代购货垫付的包装费、运杂费，借记其他应收款，贷记"银行存款"科目；收回代垫费用时，借记"银行存款"科目，贷记"其他应收款"科目。如果公司应收账款改用商业汇票结算,在收到承兑的商业汇票时,按票面价值,借记"应收票据"科目,贷记本科目。

2)收回应收账款,借记"银行存款"科目,贷记本科目。

3)计提应收账款坏账准备。

企业应当定期或至少每年年度终了,对应收账款进行全面检查,并合理地计提坏账准备。提取坏账准备时,借记"资产减值损失—坏账准备"科目,贷记"坏账准备"科目。本期应计提的坏账准备大于"坏账准备"科目贷方余额的,应按其差额提取;本期应计提的坏账准备小于"坏账准备"科目贷方余额的,应按其差额冲减"资产减值损失",借记"坏账准备"科目,贷记"资产减值损失—坏账准备"科目。

企业对于不能收回的应收账款应当查明原因,追究责任。对确实无法收回的,按照企业的管理权限,经股东大会或董事会,或经理会议或类似机构批准作为坏账损失,冲销提取的坏账准备。

经批准作为坏账处理的应收账款,借记"坏账准备"科目,贷记"应收账款"科目。

已确认并转销的坏账损失,如果以后又收回,按实际收回的金额,借记"应收账款"科目,贷记"坏账准备"科目;同时,借记"银行存款"科目,贷记"应收账款"科目。

1123 预付账款

1.核算内容说明

1)本科目是核算企业按照合同规定预付的款项。预付款项情况不多的,也可以不设置本科目,将预付的款项直接记入"应付账款"科目。企业进行预付的各项预付账款,在本科目核算,设置账龄核算,由系统自动计算账龄。

2)本科目设置"预付保理款本金""预付供应链贸易款""预付信息服务款""采购商品款""食堂费用""预付赔付款""预付分保账款""预付房租""预付物业管理费""预付车位租赁费""预付水电费""工程款""其他"等明细科目进行

核算,其中:"预付保理款本金""其他"设置客商、款项类型辅助核算,其他明细科目设置客商、项目辅助核算。

3)本科目期末借方余额,反映公司实际预付的款项;期末如为贷方余额,反映公司尚未支付的款项。如果出现贷方余额,应当反映在"应付账款"科目中。属于一年期以上的预付账款的借方余额应当在"其他非流动资产"科目列示。

2. 相关账务处理

1)支付各项预付款项时,按照款项类别借记本科目,贷记"银行存款"科目。

2)与预付账款相关的货物或服务完结时,应按照经济业务性质相应冲销预付账款,借记相关科目,贷记"预付账款"科目。

3)公司的预付款项,如有确凿证据表明其不符合预付款项性质,或者因供货公司破产、撤销等原因已无望再收到所购货物的,应将原计入预付款项的金额转入其他应收款。公司应按预计不能收到所购货物的预付款项账面余额,借记"其他应收款"科目,贷记本科目。除转入"其他应收款"科目的预付款项外,其他预付款项不得计提坏账准备。

1131 应收股利

1. 核算内容说明

1)本科目是核算公司因股权投资而应收取的现金股利。公司应收其他公司的利润分配,也在本科目核算。

2)本科目设置"交易性金融资产""其他权益工具投资""长期股权投资""其他非流动金融资产""其他"等明细科目进行核算,并设置客商、项目辅助核算。

3)本科目期末借方余额,反映公司尚未收回的现金股利或利润。

2. 相关账务处理

1)企业取得交易性金融资产时,按支付的价款中所包含的,已宣告但尚未发放的现金股利,借记"应收股利"科目,按交易性金融资产的公允价值,借记

"交易性金融资产——成本"科目,按发生的交易费用,借记"投资收益"科目,按实际支付的金额,贷记"银行存款"等科目。

2)企业取得长期股权投资时,按支付的价款中包含的,已宣告但尚未发放的现金股利,借记"应收股利"科目,按根据长期股权投资准则确定的长期股权投资成本,借记"长期股权投资——成本"科目,按实际支付的金额贷记"银行存款"等科目。

3)企业取得其他权益工具投资时,按支付的价款中所包含的,已宣告但尚未发放的现金股利,借记"应收股利"科目,按其他权益工具投资的公允价值与交易费用之和,借记"其他权益工具投资——成本"科目,按实际支付的金额,贷记"银行存款"等科目。

4)被投资公司宣告发放现金股利或分派利润时,借记本科目,贷记"投资收益(如交易性金融资产、其他权益工具投资、成本法核算的长期股权投资等)"或"长期股权投资(权益法核算的长期股权投资)"等科目。

5)收到的现金股利或利润,借记"银行存款"科目,贷记本科目。

1132 应收利息

1. 核算内容说明

1)本科目是核算企业金融资产持有期间的应收利息,主要包括债权投资、其他债权投资、资金拆借、应收保理等应收取的利息。

企业购入的符合摊余成本法计量的金融资产,持有期间形成的应收未收利息,在本科目核算。

2)本科目下设置二级科目"债权投资""其他债权投资""资金拆借(同级及外部资金拆借收入计入该科目)""委托贷款""买入返售金融资产""应收保理""交易所保证金""供应链服务费""银行承兑汇票保证金""信用证保证金""期货保证金""贷款""银行存款""其他"等明细科目进行核算,并设置客商、项目辅助核算。

3)本科目期末借方余额,反映公司尚未收回的应收利息。

2. 相关账务处理

1) 公司购入分期付息、到期还本的债券,以及取得的分期付息的其他长期债权投资,已到付息期而应收未收的利息,应于确认投资收益时,按应获得的利息,借记本科目,贷记"主营业务收入—其他业务收入—投资收益"科目。

企业取得的交易性金融资产,按支付的价款中所包含的、已到付息期但尚未领取的利息,借记"应收利息"科目;按交易性金融资产的公允价值,借记"交易性金融资产—成本"科目;按发生的交易费用,借记"投资收益"科目,按实际支付的金额,贷记"银行存款"科目。

取得的债权投资,应按该投资的面值,借记"债权投资—成本"科目;按支付的价款中包含的、已到付息期但尚未领取的利息,借记"应收利息"科目;按实际支付的金额,贷记"银行存款"科目;按其差额,借记或贷记"债权—利息调整"科目。

资产负债表日,债权投资为分期付息、一次还本债券投资的,应按票面利率计算确定的应收未收利息,借记"应收利息"科目;按债权投资摊余成本和实际利率计算确定的利息收入,贷记"主营业务收入—其他业务收入—投资收益"科目;按其差额,借记或贷记"债权投资—利息调整"科目。

资产负债表日,债权投资为一次还本付息债券投资的,应按票面利率计算确定的应收未收利息,借记"债权投资—应计利息"科目;按债权投资摊余成本和实际利率计算确定的利息收入,贷记"投资收益"科目;按其差额,借记或贷记"债权投资—利息调整"科目。

2) 公司财务拆借按应获得的利息,借记本科目,贷记"财务费用—利息收入"科目。

3) 公司收到利息,按实际收到的金额,借记"银行存款"科目,按应收利息账面余额,贷记本科目,按其差额,借记或贷记"投资收益""财务费用—利息收入"等科目。

1201 应收代偿款

1. 核算内容说明

1) 本科目是核算公司担保业务和保险业务产生的应收代偿款。

(1) 公司接受委托担保的项目,按担保合同约定到期后被担保人不能归还本息时,公司代为履行责任支付的代偿款,本科目设置客商、部门辅助核算。

(2) 公司按照原保险合同约定承担赔付保险金责任确认的应收代位追偿款,被追偿单位(或个人)应进行明细核算。

(3) 本科目期末借方余额,反映公司代被担保人履行责任而应收的代偿款,以及本公司承担赔付保险金责任后已确认尚未收回的代位追偿款。

2. 相关账务处理

1) 应收担保业务代偿款

支付代偿款时,借记本科目,贷记"银行存款"科目;公司代被担保人支付的相关税费,也在本科目核算。期末,有确凿证据表明已确认的应收代偿款部分或全部不能够收回时,履行相关程序后,应当按照确认的损失金额,借记"担保赔偿准备"(计提的担保赔偿准备余额不足的,应借记"担保赔偿支出"科目)科目,贷记本科目。

2) 保险业务代偿款

(1) 公司承担赔付保险金责任后确认的代位追偿款,借记本科目,贷记"赔付支出"科目。

(2) 收回应收代位追偿款时,按实际收到的金额,借记"库存现金""银行存款"等科目,按其账面余额,已计提坏账准备的,同时借记"坏账准备"科目,按其账面余额,贷记本科目,按其差额,借记或贷记"赔付支出"科目。

(3) 应收代位追偿款的核销和转回,应当比照"坏账准备"科目的相关规定进行处理。

(4) 本科目期末借方余额,反映公司已确认尚未收回的代位追偿款和反映本公司承担赔付保险金责任后已确认尚未收回的代位追偿款。

1202 应收保费

1. 核算内容说明

1)本科目是核算公司应向被担保人或按照原保险合同约定应向投保人收取而未收到的担保费或保险费。

2)本科目期末借方余额,反映公司尚未收回的保险费或担保费。

2. 相关账务处理

发生应收担保费时,借记本科目,贷记"担保费收入""应交税费(应交增值税)"等科目;收回应收担保费时,借记"库存现金""银行存款"等科目,贷记本科目。

本公司发生应收保险费费,借记本科目,贷记"保费收入"科目。收回应收保费时,借记"库存现金""银行存款"等科目,贷记本科目。

1203 应收分保账款

1. 核算内容说明

1)本科目是核算内容分担保业务和保险业务产生的应收分保账款。

(1)应收担保分保账款科目核算公司与其他担保单位发生分担保业务而应收未收到的各种款项。

(2)本科目核算公司从事再保险业务应收取的款项。

2)本科目设置"应收担保分保账款""应收保险分保账款"等明细科目核算,按分保往来单位设置明细账,并设置客商、险种或分保类型辅助核算。

3)本科目期末借方余额反映公司因分担保业务和再保险业务而尚未收回的款项。

2. 相关账务处理

1)应收分担保业务账务处理

发生分担保业务应收账款时,根据分担保合同,借记本科目,贷记"主营业务收入—担保费收入""应交税费(应交增值税)"等科目;实际收到款项时,借记"银行存款"科目,贷记本科目。

2)应收再保险业务账务处理

(1)在确认原保险合同保费收入的当期,按相关再保险合同约定计算确定的应向再保险接受人摊回的分保费用,借记本科目,贷记"摊回分保费用"科目。

(2)在确定支付赔付款项金额或实际发生理赔费用而冲减原保险合同相应未决赔款准备金余额的当期,按相关再保险合同约定计算确定的应向再保险接受人摊回的赔付成本金额,借记本科目,贷记"摊回赔付支出"科目。

(3)在因取得和处置损余物资、确认和收到应收代位追偿款等而调整原保险合同赔付成本的当期,按相关再保险合同约定计算确定的摊回赔付支出的调整金额,借记或贷记"摊回赔付支出"科目,贷记或借记本科目。

(4)在计算确定应向再保险接受人收取纯益手续费的,按相关再保险合同约定计算确定的纯益手续费,借记本科目,贷记"摊回分保费用"科目。

(5)在原保险合同提前解除的当期,按相关再保险合同约定计算确定的摊回分保费用的调整金额,借记"摊回分保费用"科目,贷记本科目。

(6)对于超赔再保险等非比例再保险合同,在能够计算确定应向再保险接受人摊回的赔付成本时,按摊回的赔付成本金额,借记本科目,贷记"摊回赔付支出"科目。

(7)确认再保险合同保费收入时,借记本科目,贷记"分保费收入"科目。

(8)收到分保业务账单时,按账单标明的金额对分保费收入进行调整,按调整增加额,借记本科目,贷记"分保费收入"科目;按调整减少额,借记"分保费收入"科目,贷记本科目。

(9)结算应收分保账款时,按应付分保账款金额,借记"应付分保账款"科目,按应收分保账款金额,贷记本科目,按收到或支付的分保账款金额,借记或贷记"银行存款"科目。

(10)应收分保账款的核销和转回,应当比照"坏账准备"科目的相关规定进行处理。

(11)本科目期末借方余额,反映公司从事再保险业务应收取的款项。

1204 应收货币保证金

1. 核算内容说明

1) 本科目是核算期货公司向期货结算机构（指期货结算机构或分级结算制度下的特别结算会员和全面结算会员，下同）划出的货币保证金，以及期货、期权业务盈亏、利息收入形成的货币保证金。

2) 本科目可按期货结算机构进行明细核算，并设置客商辅助核算。

3) 本科目期末借方余额，反映期货公司从期货结算机构尚未收回的货币保证金金额。

2. 相关账务处理

1) 期货公司向期货结算机构划出货币保证金时，按划出的货币保证金金额，借记本科目，贷记"期货保证金存款"科目。

期货公司从期货结算机构划回货币保证金时，按划回的货币保证金金额，借记"期货保证金存款"科目，贷记本科目。

2) 期货公司收到期货结算机构划回的货币保证金利息时，按划回的利息金额，借记本科目，贷记"利息收入"科目。

3) 客户或非结算会员期货合约实现盈利时，期货公司按结算单据列明的盈利金额，借记本科目，贷记"应付货币保证金"科目。

客户或非结算会员期货合约发生亏损时，期货公司按期货结算机构结算单据列明的亏损金额，借记"应付货币保证金"科目，贷记本科目。

4) 期货公司代理买方客户进行期货实物交割的，按支付的交割货款金额（商品期货实物交割的金额含增值税额，下同），借记"应付货币保证金"科目，贷记本科目。

期货公司代理卖方客户进行期货实物交割的，按收到的交割货款金额，借记本科目，贷记"应付货币保证金"科目。

5) 期货公司向期货结算机构支付代收的手续费时，按划转的手续费金额，借记"手续费及佣金支出"科目，贷记本科目。

6）期货公司向期货结算机构交纳杂项费用时，按支付的有关费用金额，借记"业务及管理费"科目，贷记本科目、"银行存款"等科目。

1205 应收质押保证金

1．核算内容说明

1）本科目是核算期货公司代客户或非结算会员向期货结算机构办理有价证券充抵保证金业务时形成的可用于期货、期权交易的保证金。

2）本科目可按期货交易所或实行分级结算制度下的特别结算会员和全面结算会员名称进行明细核算，并设置客商辅助核算。

3）本科目期末借方余额，反映期货公司尚未收回的有价证券充抵保证金业务形成的可用于期货交易的保证金。

2．相关账务处理

1）全员结算制度下，期货公司代客户向期货交易所办理有价证券充抵保证金业务的，应当分别情况进行会计处理：

（1）客户委托期货公司向期货交易所提交有价证券办理充抵保证金业务时，期货公司按期货交易所核定的充抵保证金金额，借记本科目，贷记"应付质押保证金"科目。

（2）有价证券价值发生增减变化，期货交易所相应调整核定的充抵保证金金额时，期货公司按调整增加数，借记本科目，贷记"应付质押保证金"科目；按调整减少数，借记"应付质押保证金"科目，贷记本科目。

（3）期货交易所将有价证券退还给客户时，期货公司按期货交易所核定的充抵保证金金额，借记"应付质押保证金"科目，贷记本科目。

（4）客户到期不能及时追加保证金，期货交易所处置有价证券时，期货公司按期货交易所核定的充抵保证金金额，借记"应付质押保证金"科目，贷记本科目。按处置有价证券所得款项金额，借记"应收货币保证金"科目，贷记"应付货币保证金"科目。

2）分级结算制度下，全面结算会员和交易结算会员代客户直接向期货交易所办理有价证券充抵保证金业务的,会计处理参照前述"1.核算内容说明的规定"。

非结算会员代客户向期货交易所办理有价证券充抵保证金业务的,应当分别情况进行处理。

(1)非结算会员代客户通过特别结算会员或全面结算会员向期货交易所申请办理有价证券充抵保证金业务时,非结算会员按期货交易所核定的充抵保证金金额,借记本科目(特别结算会员或全面结算会员),贷记"应付质押保证金"科目。

全面结算会员按期货交易所核定的充抵保证金金额,借记本科目(期货交易所),贷记"应付质押保证金"科目。

(2)有价证券价值发生增减变化,期货交易所相应调整核定的充抵保证金金额时,非结算会员按调整增加数,借记本科目(特别结算会员或全面结算会员),贷记"应付质押保证金"科目;按调整减少数,借记"应付质押保证金"科目,贷记本科目(特别结算会员或全面结算会员)。

(3)期货交易所将有价证券退还给客户时,非结算会员按期货交易所核定的充抵保证金金额,借记"应付质押保证金"科目,贷记本科目(特别结算会员或全面结算会员)。

全面结算会员按期货交易所核定的充抵保证金金额,借记"应付质押保证金(非结算会员)"科目,贷记本科目(期货交易所)。

(4)客户到期不能及时追加保证金,期货交易所处置有价证券时,非结算会员按期货交易所核定的充抵保证金金额,借记"应付质押保证金"科目,贷记本科目(特别结算会员或全面结算会员)。按处置有价证券所得款项金额,借记"应收货币保证金(特别结算会员或全面结算会员)"科目,贷记"应付货币保证金"科目。

全面结算会员按期货交易所核定的充抵保证金金额,借记"应付质押保证金"科目,贷记本科目(期货交易所)。按处置有价证券所得款项金额,借记"应收货币保证金"科目,贷记"应付货币保证金(非结算会员)"科目。

1206 应收结算担保金

1. 核算内容说明

1）本科目是核算分级结算制度下结算会员（包括全面结算会员和交易结算会员，下同）按照规定向期货交易所缴纳的结算担保金。

2）本科目可按期货交易所进行明细核算，设置客商辅助核算。

3）本科目期末借方余额，反映结算会员尚未从期货交易所收回的结算担保金额。

2. 相关账务处理

1）结算会员向期货交易所划出结算担保金时，按划出的结算担保金额，借记本科目，贷记"银行存款"科目。

结算会员从期货交易所划回结算担保金时，按划回的结算担保金额，借记"银行存款"科目，贷记本科目。

结算会员收到期货交易所划回的结算担保金利息时，按期货交易所划回的利息金额，借记"银行存款"科目，贷记"利息收入"科目。

2）结算会员的结算担保金被期货交易所动用抵御其他违约会员的风险时，结算会员按期货交易所分摊的金额，借记"其他应收款"，贷记本科目；同时结算会员应按向期货交易所所追加的结算担保金，借记本科目，贷记"银行存款"科目。

期货交易所向违约会员追索成功后，结算会员按收回金额中应享有的份额，借记本科目，贷记"其他应收款"科目。被动用的结算担保金最终确定无法收回时，结算会员应按确定无法收回的金额，借记"业务及管理费"，贷记"其他应收款"科目。

3）结算会员划回多余的结算担保金，按划出的结算担保金额，借记"银行存款"，贷记本科目。

1207 应收风险损失款

1. 核算内容说明

1) 本科目是核算期货公司为客户垫付尚未收回的风险损失款。

2) 本科目下设"原值""信用减值准备"等科目进行明细核算,并设置客商辅助核算。

3) 本科目期末借方余额,反映期货公司为客户垫付尚未收回的风险损失款。

2. 相关账务处理

1) 期货公司代客户向期货结算机构垫付罚款时,按垫付的罚款金额,借记本科目,贷记"应收货币保证金"科目。

期货公司从客户货币保证金中划回垫付的罚款支出时,按划回的罚款金额,借"应付货币保证金"科目,贷记本科目。

2) 客户因自身原因造成的风险损失,按客户货币保证金余额,借记"应付货币保证金"科目,按期货公司代为垫付的款项金额,借记本科目,贷记"应收货币保证金"科目。

3) 客户期货业务发生穿仓时,期货公司应首先全额冲销客户的保证金,在客户以货币保证金交易的情况下,按冲销的保证金金额,借记"应付货币保证金"科目,贷记"应收货币保证金"科目;在客户以质押保证金交易的情况下,借记"应付质押保证金"科目,贷记"应收质押保证金"科目;按期货公司代为垫付的款项金额,借记本科目,贷记"应收货币保证金""银行存款""应收结算担保金""其他应付款"等科目。

4) 期货公司向客户收回垫付的风险损失款时,按收回垫付的风险损失款金额,借记"银行存款"科目,贷记本科目。

期货公司按规定核销难以收回垫付的风险损失款时,按核销的风险损失款金额,借记"期货风险准备金"科目,贷记本科目。

1210 应收手续费及佣金

1. 核算内容说明

1)本科目是核算期货公司应收未收的与其经营活动相关的手续费及佣金。本科目可按手续费及佣金收取对象类别或业务类别进行明细核算。

2)本科目可按期货交易所进行明细核算,设置客商辅助核算。

3)本科目期末借方余额,反映期货公司应收未收的与其经营活动相关的手续费及佣金款项。

2. 相关账务处理

1)期货公司确认手续费及佣金收入的当期,按应收未收的手续费及佣金金额,借记本科目,贷记"手续费及佣金收入""应交税费"科目。

2)收到应收未收的手续费及佣金时,按收到的手续费及佣金金额,借记"银行存款""应付货币保证金"科目,贷记本科目。

1212 应收共保账款

1. 核算内容说明

1)本科目是核算共保业务应收的款项。

2)本科目可按照险种、共保单位、保险渠道等项目进行明细核算。

3)本科目期末借方余额,反映公司从事共保业务确认的应收共保账款余额。

2. 相关账务处理

共保是指公司与其他保险公司共同承保同一保险标的的保险业务,共保各方通过共保协议约定各方承保份额。根据参与承保各方地位不同,参与各方可分为主共方、从共方。主共方是该共保业务的牵头方,其他参与公司即为从共方。

共保业务保费收入的账务处理规则如下。

1)确认时间及确认金额。与一般保险业务相比,共保业务不同之处仅在于保险人为多方,所以其保费收入的确认时间与一般保险业务相同,即保批单起保日期与核保日期大致相同。但是保费收入金额的确定方法与一般保险业务不同:

(1)当公司为主共方时,保费收入确认金额按照公司承保份额计算确定;按从共方份额计算的保费金额确认为应付共保账款;

(2)当公司为从共方时,保费收入确认金额按照公司承保份额计算确定。

2)账务处理流程。根据公司参与方式不同,共保业务保费收入账务处理流程分别如下:

(1)当公司为主共方时,如果共保各方与投保人约定由主共方统一收保费,则需对主、从共方各自承担份额的保费收入分别进行账务处理,于保单起保日借记"应收保费"科目,贷记"保费收入""应付共保账款—保费"等科目。

如果共保各方与投保人约定各自收取保费款,则公司只需对自身承担份额的保费收入进行账务处理,账务处理规则同一般保险业务。

(2)当公司为从共方时,如果共保各方与投保人约定由主共方统一收保费,则保批单起保时借记"应收共保账款—保费"科目,贷记"保费收入"科目。

共保业务与一般保险业务的承保方式不同,所以其保费结算的账务处理流程也略有不同,按照公司是否为主共方,款单匹配时的账务处理流程分别如下:

(1)当公司为主共方时,按照收款方式不同,账务处理流程分别如下:

对于由主共方统一收取保费款,主共方收到保费款后再按从共各方份额划转至从共方账户的,先按全额保单的金额进行收款账务处理,全额保单的收款处理规则同一般保险业务。

当公司将代收的保费支付给从共方时,按付款金额,应借记"应付共保账款—保费(从共方保费金额)"科目,贷记"银行存款(从共方保费金额)"科目。

对于共保各方各自收取保费款的,当公司收到自身份额的保费时,收款的账务处理流程同一般保险业务。

(2)当公司为从共方时,对于由主共方统一收取保费款,从共方收到主共方付的保费款当天,应借记"银行存款"科目,贷记"应收共保账款—保费"科目。

1213 应收分保未到期责任准备金

1. 核算内容说明

1）本科目是核算公司从事再保险分出业务，应由分保接受公司承担未来保险责任而提取的准备金。

2）本科目应按照险种、保险渠道、再保单位等辅助项目进行明细核算。

3）本科目期末借方余额，反映公司从事再保险分出业务确认的应收分保未到期责任准备金余额。

2. 相关账务处理

1）本科目一般按险种、分保类型及往来单位进行明细核算。

2）应收分保未到期责任准备金的主要账务处理：

(1) 在确认原保险合同保费收入的当期，按相关再保险合同约定计算确定的相关应收分保未到期责任准备金金额，借记本科目，贷记"提取未到期责任准备金"科目；

(2) 资产负债表日，调整原保险合同未到期责任准备金余额时，按相关再保险合同约定计算确定的应收分保未到期责任准备金的调整金额，借记或贷记"提取未到期责任准备金"科目，贷记或借记本科目；

(3) 在原保险合同提前解除而转销相关未到期责任准备金余额的当期，借记"提取未到期责任准备金"科目，贷记本科目；

(4) 应收分保未到期责任准备金的核销和转回，应当比照"坏账准备"科目的相关规定进行处理。

1214 应收分保未决赔款准备金

1. 核算内容说明

1）本科目是核算公司从事再保险分出业务，应由分保接受公司承担已经发生保险事故的未决赔案的保险责任而提存的准备金。

2)本科目应按照险种、保险渠道、再保单位等辅助项目进行明细核算。

3)本科目期末借方余额,反映公司从事再保险业务应向再保险接受人摊回的未决赔款准备金。

2. 相关账务处理

1)本科目核算公司从事再保险分出业务,应由分保接受公司承担已经发生保险事故的未决赔案的保险责任而提存的准备金。

2)本科目应按照分保类型、险种及"已发生已报案赔款准备金""已发生未报案赔款准备金""理赔费用准备金"等进行明细核算。

3)应收分保未决赔款准备金的主要账务处理如下:

(1)期末,在提取原保险合同未决赔款准备金的同时,按相关再保险合同约定计算确定的应向再保险接受人摊回的未决赔款准备金金额,借记本科目,贷记"摊回未决赔款准备金"科目。

(2)在对原保险合同未决赔款准备金进行充足性测试补提准备金时,按相关再保险合同约定计算确定的应收分保未决赔款准备金的相应增加额,借记本科目,贷记"摊回未决赔款准备金"科目。

(3)应收分保未决赔款准备金的核销和转回,应当比照"坏账准备"科目的相关规定进行处理。

1221 其他应收款

1. 核算内容说明

1)本科目核算企业除应收票据、应收账款、预付账款、应收股利、应收利息、长期应收款等以外的其他各种应收及暂付款项,以及应收的各种赔款、罚款,应向职工收取的各种垫付款项,以及已不符合预付账款性质而按规定转入的预付账款、日常活动中按照固定的定额标准取得的政府补助等。

2)本科目设置"个人款项""单位款项"等明细科目进行核算。本科目需要根据客商对象设立公司档案或个人档案客商辅助核算。

其中,单位款项设三级明细科目:"单位借款""往来款""代扣个人部分社会保险费""代扣个人部分住房公积金""企业年金""保证金""押金""贷款""其他"等。

3)本科目期末借方余额,反映公司尚未收回的其他应收款。

2. 相关账务处理

1)企业发生其他各种应收、暂付款项时,借记本科目,贷记"银行存款""固定资产清理"等科目;收回或转销各种款项时,借记"库存现金""银行存款"等科目,贷记本科目。

2)母子公司之间的借款计入"其他应收款—单位款项—资金调配本金";内部关联方之间的借款计入"其他应收款—单位款项—资金拆借本金";往来款、代垫费用、支付的保证金、押金、贷款等,借记本科目对应明细科目,贷记"银行存款"科目。

3)先付款后收到发票,借记本科目,贷记"银行存款"科目;收到发票冲账,借记"成本、费用"科目,贷记本科目。

4)在日常活动中按照固定的定额标准取得的政府补助,应按照应收金额计量,借记本科目,贷记"营业外收入"(或"递延收益")科目;实际收到时,借记"银行存款"科目,贷记本科目。

5)应定期对其他应收款进行减值测试,并且于年度终了,对其他应收款进行逐项检查,预计其可能发生的坏账损失,并计提坏账准备。对确实无法收回的其他应收款,应于期末前查明原因,经批准作为坏账损失,冲销提取的坏账准备。

①经批准作为坏账的其他应收款,借记"坏账准备"科目,贷记本科目。

②已确认并转销的坏账损失,如果以后又收回,按实际收回的金额,借记本科目,贷记"坏账准备"科目;同时,借记"银行存款"科目,贷记本科目。

1231 坏账准备

1. 核算内容说明

1)本科目是核算企业应收款项的坏账准备。

2)本科目设置"应收账款""其他应收款""长期应收款""应收手续费及佣

金""存出担保保证金""其他"等明细科目进行核算,并设置客商、项目辅助核算。

3)本科目期末贷方余额,反映公司已提取的坏账准备。

2. 相关账务处理

1)提取坏账准备时,借记"信用减值损失"科目,贷记本科目。冲减多提取的坏账准备时,借记本科目,贷记"信用减值损失"科目。

2)公司对于确实无法收回的应收款项,经批准作为坏账损失,冲销提取的坏账准备,借记本科目,贷记"应收票据""应收账款""预付账款""其他应收款""长期应收款"等科目。

3)已确认并转销的应收款项以后又收回的,应按实际收回的金额,借记"应收票据""应收账款""预付账款""其他应收款""长期应收款"等科目,贷记本科目;同时,借记"银行存款"科目,贷记"应收票据""应收账款""预付账款""其他应收款""长期应收款"等科目。

对于已确认并转销的应收款项以后又收回的,也可以按照实际收回的金额,借记"银行存款"科目,贷记本科目。

4)公司每季度对应收款项进行全面检查,按照公司会计政策计提坏账准备。公司只能采用备抵法核算坏账损失。计提的坏账准备在做所得税汇算清缴时需做纳税调增,计提的坏账准备实际发生坏账的当期做所得税汇算清缴时要做纳税调减。

1301 贷款

1. 核算内容说明

1)本科目是核算公司按规定发放的各种客户贷款。

2)本科目设置"个人贷款""企业贷款"等明细科目进行核算。

3)本科目期末借方余额,反映公司按规定发放尚未收回的贷款本金。

2. 相关账务处理

1)公司发放的贷款,应按贷款的合同本金,借记本科目,按实际支付的金额,贷记"银行存款"科目。

2)收回贷款时,应按客户归还的金额,借记"银行存款"科目,按归还的贷款本金,贷记本科目。

1303 贷款损失准备

1. 核算内容说明

1)本科目是核算公司贷款的减值准备。

2)本科目设置"个人贷款""企业贷款"等明细科目进行核算。

3)本科目期末贷方余额,反映公司已计提但尚未转销的贷款损失准备。

2. 相关账务处理

1)资产负债表日,按应减记的金额,借记"信用减值损失"科目,贷记本科目。

2)对于确实无法收回的各项贷款,按管理权限报经批准后转销各项贷款,借记本科目,贷记"贷款"科目。

3)已计提贷款损失准备的贷款价值以后又得以恢复,应在原已计提的贷款损失准备金额内,按恢复增加的金额,借记本科目,贷记"信用减值损失"科目。

1305 委托贷款

1. 核算内容说明

1)本科目核算公司按规定委托金融机构向其他单位贷出的款项。

2)本科目设置"本金""利息""减值准备"明细科目进行核算,并设置客商辅助核算。

3)本科目的期末借方余额,反映企业委托贷款的账面价值。

2. 相关账务处理

1)公司按规定委托金融机构贷出的款项,应按规定的程序办理,并按实际委托的贷款金额入账。借记本科目(本金),贷记"银行存款"等科目。期末时,应当按照规定的利率计提委托贷款应收利息。计提的应收利息,借记"其他应收款",贷记"利息收入"等科目。

2)收回委托贷款本金、利息时,借记"银行存款"科目,贷记本科目、"其他应收款"。

1402 在途物资

1. 核算内容说明

1)本科目是核算企业采用实际成本(或进价)进行材料、商品等物资的日常核算、货款已付尚未验收入库的在途物资的采购成本。

2)本科目应按照供货商名称设置二级明细科目,按照所购物资的品种设置末级明细科目。

3)本科目期末借方余额,反映在途材料、商品等物资的采购成本。

2. 相关账务处理

1)企业购入材料、商品,按应计入材料、商品采购成本的金额,借记本科目,按专用发票上注明的增值税额,借记"应交税费—应交增值税(进项税额)"科目,按实际支付或应支付的金额,贷记"银行存款""应付账款""应付票据"等科目。

2)所购材料、商品到达验收入库,借记"原材料""库存商品"等科目,贷记本科目。

3)库存商品采用售价核算的,按售价,借记"库存商品"科目,按进价,贷记本科目,进价与售价之间的差额,借记或贷记"商品进销差价"科目。

1403 原材料

1. 核算内容说明

1)本科目是核算公司购进的用于销售和自用的主要材料的成本。

2)本科目按原料的类别进行明细核算,原料及主要材料明细账根据收料凭证和发料凭证逐笔登记建立实物台账。这套明细账可以由材料仓库的管理人员登记。财务部门对仓库登记的材料明细账,必须定期稽核,以保证记录正确无误。

3)公司的各种原料及主要材料,应当定期清查盘点,发现盘盈、盘亏、毁损的原料及主要材料,应按照《企业会计准则》及上级有关规定及时处理。

4)本科目的期末借方余额,反映公司库存原料及主要材料的成本。

2. 相关账务处理

1)材料验收入库,借记"原材料"科目,贷记"材料采购""银行存款""预付款项""应付账款"等科目。

2)领用原材料,借记"生产成本""主营业务成本""其他业务成本""管理费用"等科目,贷记"原材料"科目。

3)出售原材料,按已收或应收的价款,借记"银行存款""应收账款"等科目,按实现的营业收入,贷记"其他业务收入"科目,按应交的增值税额,贷记"应交税费—应交增值税(销项税额)"科目。同时,借记"其他业务成本"科目,贷记本科目。

1405 库存商品

1. 核算内容说明

1)本科目是核算公司库存的各种商品的实际成本。库存商品是指处于储存状态的商品,包括库存的外购商品、已经完成全部开发建设过程,并已验收合格,符合国家建设标准和设计要求,可以按照合同规定的条件移交订购公司的开发产品等。

已经完成销售手续,但购买公司在期末未提取的库存商品,应作为代管商品处理,单独设置代管商品备查簿,不再在本科目核算。

2)本科目按商品、型号、单价、数量等设立辅助核算。

3)本科目期末借方余额,反映公司各种库存商品的实际成本。

2. 相关账务处理

1)商品到达验收入库后,按商品购进价格进价,借记本科目,贷记"应付账款""银行存款""预付款项"等科目。

2)公司结转发出商品的成本,按照业务类型分别借记"主营业务成本""管理费用"等科目,贷记本科目。其他原因发出商品的,借记有关科目,贷记本科目。

3)房地产开发项目竣工验收,借记本科目,贷记本科目。

4)开发产品销售成本结转,借记"主营业务成本"科目,贷记本科目。

5)清查盘点中发现的库存商品盘盈,借记本科目,贷记"待处理财产损溢"科目;清查盘点中发现的库存商品盘亏和毁损,借记"待处理财产损溢"科目,贷记本科目,并按规定结转不能抵扣的增值税进项税额,借记"待处理财产损溢"科目,贷记"应交税费—应交增值税(进项税额转出)"科目。

计入"待处理财产损溢"科目的库存商品盘盈或盘亏,应于期末前查明原因,并根据公司的管理权限,经批准后,在期末结账前处理完毕。盘盈的库存商品,应冲减当期的管理费用;盘亏的库存商品,在减去过失人或者保险公司等赔款和残料价值之后,计入当期管理费用,属于自然灾害造成的损失,计入当期营业外支出。

如盘盈或盘亏的库存商品,在期末结账前尚未经批准的,在对外提供财务会计报告时先按上述规定进行处理,并在会计报表附注中作出说明;如果其后批准处理的金额与已处理的金额不一致的,应调整会计报表相关项目的年初数。

1406 存货跌价准备

1. 核算内容说明

1)本科目核算企业按资产负债表日存货成本高于其可变现净值的差价。

2)本科目应当按照存货的品种进行明细核算。

2. 相关账务处理

1)企业应按单个存货项目计算的成本高于其可变现净值的差额,计提存货跌价准备,计入当期损益,借记本科目,贷记:存货—品种。

2)以前减记存货价值的影响因素已经消失的,减记的金额应当予以恢复,并在原已计提的存货跌价准备金额内转回,转回的金额计入当期损益。借:存货—品种,贷记本科目。

3)本科目期末借方余额,反映企业对存货可能发生的价值减损所做的估计。

1463 其他流动资产

1.核算内容说明

1)本科目核算是指除货币资金、短期投资、应收票据、应收账款、其他应收款、存货等流动资产以外的流动资产。

2)本科目设置"待摊费用""低值易耗品""待抵扣进项税""预缴税金""收购处置类不良资产(包)""被套期项目""其他"等明细科目进行核算,其中:"待摊费用"设置待摊项目辅助核算。

3)本科目期末借方余额,反映公司其他流动资产余额。

2.相关账务处理

1)公司增加其他流动资产时,借记"其他流动资产"科目,贷记有关科目。

2)公司减少其他流动资产时,借记有关资产,贷记"其他流动资产"科目。

3)一般企业"待处理流动资产净损益"科目未处理转账,报表时挂在"其他流动资产"科目中。

1464 其他流动资产减值准备

1.核算内容说明

1)本科目核算是指除货币资金、短期投资、应收票据、应收账款、其他应收款、存货等流动资产以外的流动资产计提的减值准备。

2)本科目按其他流动资产明细设置明细科目。

3)本科目期末贷方余额,反映公司其他流动资产减值准备余额。

2.相关账务处理

1)资产负债表日,其他流动资产发生减值的,按应减记的金额,借记"资产减值损失"科目,贷记本科目。

2)已计提减值准备的其他非流动资产价值以后又得以恢复,应在原已计提的减值准备金额内,按恢复增加的金额,借记本科目。贷记"资产减值损失"科目。

1473 合同资产

1. 核算内容说明

1)本科目是核算企业已向客户转让商品而有权收取对价的权利,且该权利取决于时间流逝之外的其他因素(如履行合同中的其他履约义务)。

2)本科目设置"基金管理费""咨询服务费"等明细科目进行核算,并设置客商辅助核算。

3)本科目期末借方余额,反映公司合同资产余额。

2. 相关账务处理

1)企业在客户实际支付合同对价或在该对价到期应付之前,已经向客户转让了商品的,应当按因已转让商品而有权(当权利取决于时间流逝之外的其他因素时)收取的对价金额,借记本科目,贷记"主营业务收入"科目。

2)当企业取得无条件收款权时(权利仅取决于时间流逝因素),借记"应收账款"科目,贷记本科目。

1474 合同资产减值准备

1. 核算内容说明

1)本科目是核算合同资产计提的减值准备。

2)本科目按合同资产明细设置明细科目,并设置客商辅助核算。

3)本科目期末贷方余额,反映公司其他流动资产减值准备余额。

2. 相关账务处理

1)资产负债表日,合同资产发生减值的,按应减记的金额,借记"资产减值损失"科目,贷记本科目。

2)已计提减值准备的合同资产价值以后又得以恢复,应在原已计提的减值准备金额内,按恢复增加的金额,借记本科目,贷记"资产减值损失"科目。

1481 持有待售资产

1.核算内容说明

1)本科目是核算持有待售的非流动资产和持有待售的处置组中的资产。

2)本科目按照资产类别进行明细核算。

3)本科目期末借方余额,反映企业持有待售的非流动资产和持有待售的处置组中资产的账面余额。

2.相关账务处理

企业将相关非流动资产或处置组划分为持有待售类别时,按各类资产的账面价值或账面余额,借记本科目。按已计提的累计折旧、累计摊销等,借记"累计折旧""累计摊销"等科目。按各项资产账面余额,贷记"固定资产""无形资产""长期股权投资""应收账款""商誉"等科目。适用本准则计量规定的非流动资产已计提减值准备的,还应同时结转已计提的减值准备。

1482 持有待售资产减值准备

1.核算内容说明

1)本科目是核算适用本准则计量规定的持有待售的非流动资产和持有待售的处置组计提的允许转回的资产减值准备和商誉的减值准备。

2)本科目按照资产类别进行明细核算。

3)本科目期末贷方余额,反映企业已计提但尚未转销的持有待售资产减值准备。

2.相关账务处理

初始计量或资产负债表日,持有待售的非流动资产或处置组中的资产发生减值的,按应减记的金额,借记"资产减值损失"科目,贷记本科目。后续资产负债表日持有待售的非流动资产或处置组中的资产减值转回的,按允许转回的金额,借记本科目,贷记"资产减值损失"科目。

1503 债权投资

1. 核算内容说明

1)本科目是核算以摊余成本计量的债权投资的账面余额。

2)本科目设置"金融类债权投资""非金融类债权投资""私募债权投资""信托计划类债权投资""不良处置配资及法拍配资""纾困债投资""其他"等明细科目进行核算,还应当按债权投资的类别和品种,分别"成本""利息调整""应计利息"等进行明细核算,并设置客商、项目辅助核算。

3)本科目期末借方余额,反映企业债权投资的摊余成本。

2. 相关账务处理

1)企业取得的债权投资,应按该投资的面值及交易费用之和,借记"债权投资—成本"科目,按支付的价款中包含的已到付息期但尚未领取的利息,借记"应收利息"科目,按实际支付的金额,贷记"银行存款"科目,按其差额,借记或贷记"债权投资— 利息调整"科目。

2)债权投资的计息。

资产负债表日,债权投资为分期付息,一次还本债券投资的,应按票面利率计算确定的应收未收利息,借记"应收利息"科目,按债权投资摊余成本和实际利率计算确定的利息收入,贷记"投资收益"科目,按其差额,借记或贷记"债权投资—利息调整"科目。

债权投资为一次还本付息债券投资的,应于资产负债表日按票面利率计算确定的应收未收利息,借记"债权投资—应计利息"科目,债权投资摊余成本和实际利率计算确定的利息收入,贷记"投资收益"科目,按其差额,借记或贷记"债权投资—利息调整"科目。

收到取得债权投资支付的价款中包含的已到付息期但尚未领取的债券利

息,借记"银行存款"科目,贷记"应收利息"科目。

收到分期付息、一次还本债权投资持有期间支付的利息,借记"银行存款"科目,贷记"应收利息"科目。

3)出售债权投资时,应按实际收到的金额,借记"银行存款"科目,已计提减值准备的,借记"债权投资减值准备"科目,按其账面余额,贷记"债权投资(成本、利息调整、应计利息)"科目,按其差额,贷记或借记"投资收益"科目。

4)债权投资的重分类。

企业将债权投资重分类为其他债权投资的,应在重分类日按其公允价值,借记"其他债权投资"科目,按其账面余额,贷记"债权投资(成本、利息调整、应计利息)"科目,按其差额,贷记或借记"其他综合收益"科目。已计提减值准备的,还应同时结转减值准备,即借记"债权投资减值准备"科目。

企业将债权投资重分类为以公允价值计量且其变动计入当期损益的金融资产,应当按照该资产在重分类日的公允价值进行计量,借记"交易性金融资产"科目,按其账面余额,贷记"债权投资(成本、利息调整、应计利息)"科目;原账面价值与公允价值之间的差额计入当期损益,贷记或借记"公允价值变动损益"科目。

1504 债权投资减值准备

1. 核算内容说明

1)本科目是核算企业债权投资发生减值时计提的减值准备。

2)本科目按照"债权投资"明细科目进行核算,并设置客商、项目辅助核算。

3)本科目期末贷方余额,反映企业已计提但尚未转销的债权投资减值准备。

2. 相关账务处理

1)债权投资减值准备的计提。资产负债表日,公司根据金融工具确认和计量准则确定债权投资发生减值的,应按减记的金额,借记"信用减值损失"科目,贷记"债权投资减值准备"科目。

2)已计提减值准备的债权投资价值以后又得以恢复,应在原已计提的减值准备金额内,按恢复增加的金额,借记"债权投资减值准备"科目,贷记"信用减值损失"科目。

1506 其他债权投资

1. 核算内容说明

1)本科目是核算公司以公允价值计量且其变动计入其他综合收益的金融资产(债权),如购买公司债券、国库券等以及1年以上(不含1年)的委托贷款等。

2)本科目设置"成本""利息调整""公允价值变动"明细科目进行核算,并设置客商、项目辅助核算。

3)本科目期末借方余额,反映企业其他债权投资的摊余成本。

2. 相关账务处理

1)公司进行其他债权投资时,按实际支付的价款,借记本科目—本金,贷记"银行存款"科目。

2)每期结账时,按其他债权投资应计的利息,借记本科目—应计利息,贷记"投资收益"科目。

1507 其他债权投资减值准备

1. 核算内容说明

1)本科目是核算企业其他债权投资发生减值时计提的减值准备。

2)本科目应当按照其他债权投资类别和品种进行明细核算,并设置客商、项目辅助核算。

3)本科目期末贷方余额,反映企业已计提但尚未转销的其他债权投资减值准备。

2. 相关账务处理

1)其他债权投资减值准备的计提。资产负债表日,公司根据金融工具确认和计量准则确定其他债权投资发生减值的,应按减记的金额,借记"信用减值损失"科目,贷记"其他债权投资减值准备"科目。

2)已计提减值准备的其他债权投资价值以后又得以恢复,应在原已计提的减值准备金额内,按恢复增加的金额,借记"其他债权投资减值准备"科目,贷记"信用减值损失"科目。

1508 其他权益工具投资

1. 核算内容说明

1)本科目是核算企业指定为以公允价值计量且其变动计入其他综合收益的非交易性权益工具投资。

2)本科目可按其他权益工具投资的类别和品种设置"上市权益工具投资""非上市权益工具投资""权益性基金投资""其他"等明细,分别"成本""公允价值变动"等科目进行明细核算,并设置客商、项目辅助核算。

3)本科目借方余额,反映其他权益工具投资余额。

2. 相关账务处理

1)取得股票或股权投资时,借记"其他权益工具投资—成本(公允价值+交易费用)""应收股利(支付的价款中包含的已宣告但尚未发放的现金股利)"等科目,贷记"银行存款"。

2)公允价值变动时,借记"其他权益工具投资—公允价值变动"等科目,贷记"其他综合收益"科目。反之,做相反分录。

3)宣告发放现金股利时,借记"应收股利"科目,贷记"投资收益";借记"银行存款"科目,贷记"应收股利"秤目。

4)处置时,借记"银行存款""其他综合收益"科目,贷记"其他权益工具投资—成本""其他权益工具投资—公允价值变动(或借方)""盈余公积(或借方)""利润分配—未分配利润(或借方)等科目。

1509 其他权益工具投资减值准备

1. 核算内容说明

1）本科目是核算企业其他权益工具投资发生减值时计提的减值准备。

2）本科目应当按照其他权益工具投资类别和品种进行明细核算。

3）本科目期末贷方余额，反映企业已计提但尚未转销的其他权益工具投资减值准备。

2. 相关账务处理

1）其他权益工具投资减值准备的计提。资产负债表日，公司根据金融工具确认和计量准则确定其他权益工具投资发生减值的，应按减记的金额，借记"信用减值损失"科目，贷记本科目。

2）已计提减值准备的其他权益工具投资价值以后又得以恢复，应在原已计提的减值准备金额内，按恢复增加的金额，借记本科目，贷记"信用减值损失"科目。

1510 其他非流动金融资产

1. 核算内容说明

1）本科目是核算自资产负债表日起超过一年到期且预期持有超过一年的以公允价值计量且其变动计入当期损益的非流动金融资产的期末账面价值。

2）本科目设置"权益性股权投资""权益性基金投资""其他"等明细科目进行核算，设置客商、项目辅助核算。

3）本科目应当按照以公允价值计量且其变动计入当期损益的金融资产的类别和品种，分别"成本""公允价值变动"等科目进行明细核算。每季度末应计提其他非流动金融资产公允价值变动损益。

4）本科目期末借方余额，反映公司以公允价值计量且其变动计入当期损益的其他非流动金融资产的公允价值。

2. 相关账务处理

1）公司取得以公允价值计量且其变动计入当期损益的其他非流动金融资产时，按公允价值，借记本科目（成本），按已宣告但尚未发放的现金股利或已到付息期但尚未领取的利息，借记"应收股利（利息）"科目，按实际支付的金额，贷记"银行存款"科目。在持有期间被投资公司宣告发放的现金股利或在资产负债表日按债券票面利率计算利息时，借记"应收股利（利息）"科目，贷记"投资收益"科目，在实际收到现金股利或利息时，借记"银行存款"科目，贷记"应收股利（利息）"科目。

2）资产负债表日，公允价值高于其账面余额的差额，借记本科目（公允价值变动），贷记"公允价值变动损益"科目；公允价值低于其账面余额的差额，做相反的会计分录。

3）被投资公司宣告发放现金股利或分派利润时，借记"应收股利"科目，贷记"投资收益"科目，实际收到现金股利时，借记"银行存款"科目，贷记"应收股利"科目。

4）期末按债券投资的面值及票面利率计提利息收入，借记"应收利息科目"，贷记"投资收益"科目；实际收到利息时，借记"银行存款"科目，贷记"应收利息"科目。

5）出售时，应按实际收到的金额与其他非流动金融资产（成本）、（公允价值变动）之间的差额，贷记或借记"投资收益"科目。

1511 其他非流动金融资产减值准备

1. 核算内容说明

1）本科目是核算企业其他非流动金融资产发生减值时计提的减值准备。

2）本科目应当按照其他权益工具投资类别和品种进行明细核算设置，分别设置"权益性股权投资""权益性基金投资""其他"等科目。

3）本科目期末贷方余额，反映企业已计提但尚未转销的其他非流动金融资产减值准备。

2. 相关账务处理

1）其他非流动金融资产减值准备的计提。资产负债表日，公司根据金融工具确认和计量准则确定其他非流动金融资产发生减值的，应按减记的金额，借记"信用减值损失"科目，贷记"其他非流动金融资产减值准备"科目。

2）已计提减值准备的其他非流动金融资产价值以后又得以恢复，应在原已计提的减值准备金额内，按恢复增加的金额，借记"其他非流动金融资产减值准备"科目，贷记"信用减值损失"科目。

1512 长期股权投资

1. 核算内容说明

1）本科目是核算投资方对被投资公司实施控制、重大影响的权益性投资，以及对其合营公司的权益性投资。

2）本科目应设置"控股子公司""共同控制及重大影响"及"其他股权投资"进行二级明细核算，"共同控制及重大影响"及"其他股权投资"科目下还应当分别设置"成本""损益调整""其他综合收益""其他权益变动"进行三级明细核算。同时需要根据被投资公司设立客商辅助核算。

3）本科目期末借方余额，反映公司持有的长期股权投资的价值。

2. 相关账务处理

1）取得投资时

（1）同一控制下企业合并形成的长期股权投资，应在合并日按取得被合并方所有者权益账面价值的份额，借记本科目（成本），按应自被投资公司收取的已宣告但尚未发放的现金股利或利润，借记"应收股利"科目，按支付的合并对价的账面价值，贷记或借记有关资产、负债科目，按其差额，贷记"资本公积—资本溢价或股本溢价"科目；如为借方差额，借记"资本公积—资本溢价或股本溢价"科目，资本公积（资本溢价或股本溢价）不足冲减的，应依次借记"盈余公积""利润分配—未分配利润"等科目。

（2）非同一控制下企业合并形成的长期股权投资，应在购买日按企业合并成本，借记本科目，按支付合并对价的账面价值，贷记或借记有关资产、负债科目，按发生的直接相关费用，贷记"银行存款"等科目，按其差额，贷记"营业外收入"或借记"营业外支出"等科目。企业合并成本中包含的应自被投资公司收取的已宣告但尚未发放的现金股利或利润，应作为应收股利进行核算。

非同一控制下企业合并涉及以库存商品等作为合并对价的，应按库存商品的公允价值，贷记"主营业务收入"科目，并同时结转相关的成本。

以支付现金、非现金资产等其他方式取得的长期股权投资，应按根据长期股权投资准则确定的初始投资成本，借记本科目，按应自被投资公司收取的已宣告但尚未发放的现金股利或利润，借记"应收股利"科目，贷记"银行存款"等科目。

2）长期股权投资的后续计量

公司对外进行股权投资，根据不同情况，分别采用成本法或权益法核算。公司对被投资公司进行控制的，长期股权投资采用成本法核算；公司对被投资公司具有共同控制或重大影响的，长期股权投资采用权益法核算。通常情况下，公司对其他公司的投资占该公司有表决权资本总额20%至50%之间，或虽投资不足20%但具有重大影响的，采用权益法核算。

（1）采用成本法核算的长期股权投资的处理。长期股权投资采用成本法核算的，应按被投资公司宣告发放的现金股利或利润中属于本企业的部分，借记"应收股利"科目，贷记"投资收益"科目；属于被投资公司在取得投资前实现净利润的分配额，应作为投资成本的收回，借记"应收股利"科目，贷记本科目（成本）。

采用权益法核算的长期股权投资的处理。企业的长期股权投资采用权益法核算的，应当分下列情况进行处理：

①长期股权投资的初始投资成本大于投资时应享有被投资公司可辨认净资产公允价值份额的，不调整已确认的初始投资成本；长期股权投资的初始投资成本小于投资时应享有被投资公司可辨认净资产公允价值份额的，应按其差额，借记本科目（成本），贷记"营业外收入"科目。

②根据被投资公司实现的净利润或经调整的净利润计算应享有的份额，借

记本科目(损益调整),贷记"投资收益"科目。被投资公司发生亏损、分担亏损份额超过长期股权投资的账面价值,以其他实质上构成对被投资公司净投资的长期权益账面价值为限继续确认投资损失的,应借记"投资收益"科目,贷记本科目(损益调整)。

被投资公司以后宣告发放现金股利或利润时,企业计算应分得的部分,借记"应收股利"科目,贷记本科目(损益调整)。

收到被投资公司发放的股票股利,不进行账务处理,但应在备查簿中登记。

③发生亏损的被投资公司以后实现净利润的,企业计算应享有的份额,如有未确认投资损失的,应先弥补未确认的投资损失,弥补损失后仍有余额的,如原因按合同或协议约定确认了投资损失,同时作为预计负债的,应首先冲减预计负债的余额,剩余部分再借记本科目(损益调整),贷记"投资收益"科目。

(2)在持股比例不变的情况下,被投资公司除净损益以外所有者权益的其他变动,企业按持股比例计算应享有的份额,借记或贷记本科目(所有者权益其他变动),贷记或借记"资本公积—其他资本公积"科目;持股比例变动的情况下,按照新的持股比例计算应享有被投资公司所有者权益的份额与本科目余额之间的差额,应借记或贷记本科目,贷记或借记"投资收益"科目。

(3)长期股权投资核算方法转换的处理。企业根据长期股权投资准则将长期股权投资自成本法转按权益法核算的,应按转换时该项长期股权投资的账面价值作为权益法核算的初始投资成本,初始投资成本小于转换时占被投资公司可辨认净资产公允价值份额的差额,借记本科目(成本),贷记"营业外收入"科目。

长期股权投资自权益法转按成本法核算的,除构成企业合并的以外,应按中止采用权益法时长期股权投资的账面价值作为成本法核算的初始投资成本。

3)处置长期股权投资时

应按实际收到的金额,借记"银行存款"科目,已计提减值准备的,借记"长期股权投资减值准备"科目,按其账面余额,贷记本科目,按尚未领取的现金股利或利润,贷记"应收股利"科目,按其差额,贷记或借记"投资收益"科目。

处置采用权益法核算的长期股权投资时,还应按处置长期股权投资的比例结转原记入"资本公积—其他资本公积"科目的金额,借记或贷记"资本公积—其他资本公积"科目,贷记或借记"投资收益"科目。

1513 长期股权投资减值准备

1. 核算内容说明

1)本科目是核算公司提取的长期投资减值准备。长期股权投资减值准备是针对长期股权投资账面价值而言的,在期末时按账面价值与可收回金额孰低的原则来计量,对可收回金额低于账面价值的差额计提长期股权投资减值准备。

2)本科目可按被投资单位进行明细核算。

3)本科目的期末贷方余额,反映已提取的长期投资减值准备。

2. 相关账务处理

1)计提长期股权投资减值准备,长期投资的预计可收回金额低于其账面价值的差额,借记"资产减值损失—计提的长期投资减值准备"科目,贷记本科目。

2)处置长期投资时,或涉及债务重组、非货币性交易等,同时结转已计提的长期投资减值准备。

1514 期货会员资格投资

1. 核算内容说明

1)本科目是核算期货公司为取得会员制期货交易所会员资格以交纳会员资格费形式对期货交易所的投资。

2)本科目可按期货交易所进行明细核算。

3)本科目期末借方余额,反映期货公司对会员制期货交易所的会员资格投资。

2. 相关账务处理

1)期货公司为取得会员制期货交易所会员资格交纳会员资格费时,按交纳的会员资格费金额,借记本科目,贷记"银行存款"科目。

2)期货公司转让或被取消上述会员资格,按收到的转让款项或期货结算机构实际退还的会员资格费金额,借记"银行存款"科目;按期货公司会员资格投资的账面价值,贷记本科目,按其差额,借记或贷记"其他综合收益"科目;同时将其他综合收益结转至留存收益,贷记或借记"利润分配—未分配利润"科目。

1531 长期应收款

1. 核算内容说明

1)本科目是核算企业的长期应收款项,包括融资租赁产生的应收款项、采用递延方式具有融资性质的销售商品和提供劳务等产生的应收款项等。

2)本科目应设置"应收融资租赁直租项目款""应收融资租赁回租项目款""其他"等科目进行二级明细核算,还应当分别"本金""利息"等科目进行三级明细核算,并设置客商、租赁项目辅助核算。

3)本科目的期末借方余额,反映企业尚未收回的长期应收款。

2. 相关账务处理

1)"本金"是核算出租人融资租赁产生的应收租赁本金部分。项目放款,借记本科目,贷记"银行存款"科目;收到项目租金,借记"银行存款"科目,贷记本科目。

2)"利息"是核算出租人融资租赁产生的应收租赁利息部分。项目放款,借记本科目,贷记"未实现融资收益""长期应付款—融资租赁销项税"等科目;收到项目租金,借记"银行存款"科目,贷记本科目,同时结转收入,借记"未实现融资收益"科目,贷记"主营业务收入—利息收入—融资租赁直/回租项目收入"。涉及增值税的,还应进行相应的会计处理。

1532 未实现融资收益

1. 核算内容说明

1)本科目是核算分期计入租赁收入或利息收入的未实现融资收益。未实现融资收益是出租人在租赁期开始日时记录的应收融资租赁款与租赁资产账面价值的差额,是其将来融资收入确认的基础。

2)本科目可按未实现融资收益项目进行明细核算。

3)本科目期末贷方余额,反映企业尚未转入当期收益的未实现融资收益。

2. 相关账务处理

未实现融资收益核算出租人融资租赁产生的应收租赁款。项目放款,借记"长期应收款—应收融资租赁直、回租项目款—利息"科目,贷记本科目、"长期应付款—融资租赁销项税"等科目;收到项目租金,借记"银行存款"科目,贷记"长期应收款—应收融资租赁直、回租项目款—利息"科目,同时结转收入,借记本科目,贷记"主营业务收入—利息收入—融资租赁直、回租项目收入科目"。涉及增值税的,还应进行相应的会计处理。

实际利率法下,该科目贷方也核算未实现手续费收入,确认收入时点,借记该科目,贷记"主营业务收入—利息收入—融资租赁直、回租项目收入科目"。

1540 投资性房地产

1. 核算内容说明

1)本科目是核算企业采用成本模式计量的投资性房地产的成本。

企业采用公允价值模式计量投资性房地产的,也通过本科目核算。

采用成本模式计量的投资性房地产的累计折旧或累计摊销,应单独设置"投资性房地产累计折旧(摊销)"科目,比照"累计折旧"等科目进行处理。

采用成本模式计量的投资性房地产发生减值的,可以单独设置"投资性房地产减值准备"科目,比照"固定资产减值准备"等科目进行处理。

2)本科目应按投资性房地产类别和项目进行明细核算。采用公允价值模式计量的投资性房地产,还应当分别在"成本"和"公允价值变动"科目进行明细核算。

3)本科目期末借方余额,反映企业投资性房地产的账面原值。

2. 相关账务处理

1)采用成本模式计量投资性房地产的主要账务处理如下:

(1)企业外购、自行建造等取得的投资性房地产,按应计入投资性房地产成本的金额,借记本科目,贷记"银行存款""在建工程"等科目。

(2)将作为存货的房地产转换为投资性房地产的,应按其在转换日的账面余额,借记本科目,按已计提的跌价准备,借记"存货跌价准备"科目,按存货的账面余额,贷记"开发产品"科目。

将自用的建筑物等转换为投资性房地产的,应按其在转换日的原价、累计折旧以及减值准备等,分别转入"投资性房地产累计折旧(摊销)""投资性房地产减值准备"等科目。

(3)按期(月)对投资性房地产计提折旧或进行摊销,借记"其他业务成本"科目,贷记"投资性房地产累计折旧(摊销)"科目。取得的租金收入,借记"银行存款"科目,贷记"其他业务收入"科目。

(4)将投资性房地产转为自用时,应按其在转换日的账面余额、累计折旧、减值准备等,分别转入"固定资产""累计折旧""固定资产减值准备"等科目。

(5)处置投资性房地产时,应按实际收到的金额,借记"银行存款"科目,贷记"其他业务收入"科目。按该项投资性房地产的累计折旧或累计摊销,借记"投资性房地产累计折旧(摊销)"科目,按已计提的减值准备,借记"投资性房地产减值准备"科目,按该项投资性房地产的账面余额,贷记本科目,按其差额,借记"其他业务成本"科目。

2)采用公允价值模式计量投资性房地产的主要账务处理。

(1)企业外购、自行建造等取得的投资性房地产,按应计入投资性房地产成本的金额,借记本科目(成本),贷记"银行存款""在建工程"等科目。

(2)将作为存货的房地产转换为投资性房地产的,应按其在转换日的公允价值,借记本科目(成本),按已计提的跌价准备,借记"存货跌价准备"科目,按其账面余额,贷记"开发产品"科目,按其差额,贷记"其他综合收益"科目或借记"公允价值变动损益"科目。

将自用的建筑物等转换为投资性房地产的,按其在转换日的公允价值,借记本科目(成本),按已计提的累计折旧等,借记"累计折旧"科目,按其账面余额,贷记"固定资产"科目,按其差额,贷记"其他综合收益"科目或借记"公允价值变动损益"科目。已计提减值准备的,还应同时结转减值准备。

(3)资产负债表日,投资性房地产的公允价值高于其账面余额的差额,借记本科目(公允价值变动),贷记"公允价值变动损益"科目;公允价值低于其账面余额的差额做相反的会计分录。

取得的租金收入,借记"银行存款"科目,贷记"其他业务收入"科目。

(4)将投资性房地产转为自用时,应按其在转换日的公允价值,借记"固定资产"科目,按其账面余额,贷记本科目(成本、公允价值变动),按其差额,贷记或借记"公允价值变动损益"科目。

(5)处置投资性房地产时,应按实际收到的金额,借记"银行存款"科目,贷记"其他业务收入"科目。按该项投资性房地产的账面余额,借记"其他业务成本"科目,贷记本科目(成本)、贷记或借记本科目(公允价值变动);同时,按该项投资性房地产的公允价值变动,借记或贷记"公允价值变动损益"科目,贷记或借记"其他业务收入"科目。按该项投资性房地产在转换日记入其他综合收益的金额,借记"其他综合收益"科目,贷记"其他业务收入"科目。

3)投资性房地产作为企业主营业务的,应通过"主营业务收入"和"主营业务成本"科目核算相关的损益。

1541 投资性房地产累计折旧

1. 核算内容说明

1)本科目是核算公司持有的投资性房地产计提的累计折旧。

2)本科目按照投资性房地产类别进行分类核算。

3)本科目期末贷方余额,反映公司提取的投资性房地产折旧累计数。

2. 相关账务处理

1)公司一般应按月提取折旧,当月增加的投资性房地产,当月不提折旧,从下月起计提折旧;当月减少的投资性房地产,当月照提折旧,从下月起不提折旧。投资性房地产提足折旧后,不管能否继续使用,均不再提取折旧。公司按月计提折旧的,借:其他业务成本,贷记本科目。

2)本科期末借方余额反映的是公司累计计提的投资性房地产累计折旧。

1542 投资性房地产减值准备

1. 核算内容说明

1)本科目是核算企业按资产负债表日发生减值的投资性房地产减值准备。

2)本科目应当按照投资性房地产类别进行明细核算。

2. 相关账务处理

1)企业资产负债表日期末应对采用成本模式计量的投资性房地产进行减值测试,如果期末账面价值小于可收回金额,二者之间的差额计入投资性房地产减值准备。借记本科目,贷记:投资性房地产。

2)本科期末借方反映的是企业累计计提的投资性房地产减值准备。

1601 固定资产

1. 核算内容说明

1)本科目是用以核算公司固定资产的原价。固定资产是指使用期限超过1年的房屋、建筑物、机器、机械、运输工具以及其他与生产、经营有关的设备、器具、工具等。不属于生产、经营主要设备的物品,公司价值在2000元以上,并且使用期限超过1年的,也作为固定资产。

企业购置计算机硬件所附带的、未单独计价的软件,也通过本科目核算。

2)公司设置"固定资产登记簿"和"固定资产卡片",按固定资产类别、使用部门对每项固定资产进行明细核算。

3)固定资产应按下列内容进行分类核算:房屋及建筑物、交通运输类、办公设备、电子设备、通信设备、电器设备、安全保卫设备、办公家具以及其他等。

4)本科目期末借方余额,反映公司期末固定资产的账面原价。

2. 相关账务处理

1)购入不需要安装的固定资产,借记本科目,贷记"银行存款"科目;购入需要安装的固定资产,先记入"在建工程"科目,安装完毕交付使用时再转入本科目。

2)自行建造完成的固定资产,工程竣工验收后,借记本科目,贷记"在建工程"科目。

3)投资者投入的固定资产,按投资各方确认的价值,借记本科目,贷记"实收资本"科目。

4)接受捐赠的固定资产,按确定的实际成本,借记"固定资产""应交税费"等科目,贷记"营业外收入—捐赠收入"科目。

5)处置固定资产

(1)投资转出的固定资产,按转出固定资产的账面价值加上应支付的相关税费,借记"长期股权投资"科目,按投出固定资产已提折旧,借记"累计折旧"科目,按该项固定资产已计提的减值准备,借记"固定资产减值准备"科目,按投出固定资产的账面原价,贷记本科目,按应支付的相关税费,贷记"银行存款""应交税费"等科目。

(2)捐赠转出的固定资产,应按固定资产净值,借记"固定资产清理"科目,按该项固定资产已提的折旧,借记"累计折旧"科目,按固定资产的账面原价,贷记本科目;按该项固定资产已计提的减值准备,借记"固定资产减值准备"科目,贷记"固定资产清理"科目;按捐赠转出的固定资产应支付的相关税费,借记"固定资产清理"科目,贷记"银行存款"科目;按"固定资产清理"科目的余额,借记"营业外支出—捐赠支出"科目,贷记"固定资产清理"科目。

(3)公司以非现金资产抵偿债务方式转出的固定资产,应按固定资产净值,借记"固定资产清理"科目,按该项固定资产已提的折旧,借记"累计折旧"科目,按固定资产的账面原价,贷记本科目;按该项固定资产已计提的减值准备,借记"固定资产减值准备"科目,贷记"固定资产清理"科目;按转出的固定资产应支付的相关税费,借记"固定资产清理"科目,贷记"银行存款"科目;按应付债务的账面余额,借记"应付账款"科目,按"固定资产清理"科目的余额,贷记"固定资产清理"科目,按其差额,借记"营业外支出—债务重组损失"科目,或贷记"资本公积"科目。

（4）以非货币性交易换出的固定资产，通过"固定资产清理"科目核算。

（5）公司按照有关规定并报经有关部门批准无偿调出固定资产，调出资产的账面价值以及清理固定资产所发生的费用，仍然通过"固定资产清理"科目核算，清理所发生的净损失冲减资本公积。公司应按调出固定资产账面价值，借记"固定资产清理"科目，按已提折旧，借记"累计折旧"科目，按该项固定资产已计提的减值准备，借记"固定资产减值准备"科目，按固定资产原价，贷记"固定资产"科目；发生的清理费用，借记"固定资产清理"科目，贷记"银行存款""应付工资"等科目；调出固定资产发生的净损失，借记"资本公积"科目，贷记"固定资产清理"科目。

（6）盘亏的固定资产，按其账面价值，借记"待处理财产损溢"科目，按已提折旧，借记"累计折旧"科目，按该项固定资产已计提的减值准备，借记"固定资产减值准备"科目，按固定资产原价，贷记本科目。

（7）出售、报废和毁损等原因减少的固定资产，按减少的固定资产账面价值，借记"固定资产清理"科目，按已提折旧，借记"累计折旧"科目，按已计提的减值准备，借记"固定资产减值准备"科目，按固定资产原价，贷记本科目。

1602 在建工程

1. 核算内容说明

1）本科目是核算项目公司的在建工程，在建工程反映在建中的工程项目的实际支出，包括施工前期准备、正在施工中的建筑工程、安装工程、技术改造工程、大修理工程等。

在建工程发生减值的，可以单独设置"在建工程减值准备"科目，比照"固定资产减值准备"科目进行处理。

2）本科目应设置"基建工程""待摊支出""技术改造工程""房屋装修""系统建设""其他"等明细进行核算，并按工程项目设立在建工程项目辅助核算。

3）本科目在建设期间的余额为累计发生的费用，竣工决算后本科目没有余额。

2.相关账务处理

1)在建工程发生的管理费、征地费、可行性研究费、临时设施费、公证费、监理费及应负担的相关税费等,借记本科目(待摊支出),贷记"银行存款"科目。

2)发包的在建工程,应按合理估计的发包工程进度和合同规定结算的进度款,借记本科目,贷记"银行存款""预付账款"等科目。将设备交付建造承包商建造安装时,借记本科目(在安装设备),贷记"工程物资"科目。工程完成时,按合同规定补付的工程款,借记本科目,贷记"银行存款"科目。

3)自营在建工程,分以下几种情况处理:

(1)自营的在建工程领用工程物资、原材料或库存商品的,借记本科目,贷记"工程物资""原料及主要材料""库存商品"等科目。采用计划成本核算的,应同时结转应分摊的成本差异。涉及增值税的,还应进行相应的处理。

(2)在建工程应负担的职工薪酬,借记本科目,贷记"应付职工薪酬"科目。

(3)辅助生产部门为工程提供的水、电、设备安装、修理、运输等劳务,借记本科目,贷记"辅助生产成本"科目。

(4)在建工程发生的借款费用满足借款费用资本化条件的,借记本科目,贷记"长期借款""应付利息"等科目。

4)在建工程进行负荷联合试车发生的费用,借记本科目(待摊支出),贷记"银行存款""原材料"科目;试车形成的产品或副产品对外销售或转为库存商品的,借记"银行存款""库存商品"等科目,贷记本科目(待摊支出)。

5)在建工程达到预定可使用状态时,应计算分配待摊支出,借记本科目(××工程),贷记本科目(待摊支出);结转在建工程成本,借记"固定资产"等科目,贷记本科目(××工程)。

6)在建工程完工已领出的剩余物资应办理退库手续,借记"工程物资"科目,贷记本科目。

7)建设期间发生的工程物资盘亏、报废及毁损净损失,借记本科目,贷记"工程物资"科目;盘盈的工程物资或处置净收益做相反的会计分录。

由于自然灾害等原因造成的在建工程报废或毁损,减去残料价值和过失人或保险公司等赔款后的净损失,借记"营业外支出—非常损失"科目,贷记本科目(建筑工程、安装工程等)。

1603 累计折旧

1. 核算内容说明

1)本科目是核算公司固定资产的累计折旧。

2)本科目按照固定资产类别进行分类核算。

3)本科目期末贷方余额,反映公司提取的固定资产折旧累计数。

2. 相关账务处理

1)公司一般应按月提取折旧,当月增加的固定资产,当月不提折旧,从下月起计提折旧;当月减少的固定资产,当月照提折旧,从下月起不提折旧。固定资产提足折旧后,不管能否继续使用,均不再提取折旧;提前报废的固定资产,也不再补提折旧。所谓提足折旧,是指已经提足该项固定资产应提的折旧总额。应提的折旧总额为固定资产原价减去预计残值加上预计清理费用。公司按月计提的固定资产折旧,借记"销售费用""管理费用""其他业务成本"等科目,贷记本科目。

2)企业应于每年年度终了,对固定资产的使用寿命、预计净残值和折旧方法进行复核。如果预计数与原先估计数有差异,应当作为会计估计变更进行调整。

3)公司下列固定资产不计提折旧:房屋、建筑物以外的未使用、不需用固定资产;以经营租赁方式租入的固定资产;已提足折旧继续使用的固定资产;按规定单独估价作为固定资产入账的土地。

4)处置固定资产还应同时结转累计折旧。

1604 固定资产减值准备

1. 核算内容说明

1)本科目是核算公司提取的固定资产减值准备。

2）本科目按照固定资产类别进行分类核算。

3）本科目期末贷方余额,反映公司已提取的固定资产减值准备。

2. 相关账务处理

1）计提固定资产减值准备。固定资产的预计可收回金额低于其账面价值的差额,借记"资产减值损失"科目,贷记本科目。处置长期固定资产时,或涉及债务重组、非货币性交易等,同时结转已计提的固定资产减值准备。

2）公司在期末或者至少在每年年度终了,对固定资产逐项进行检查,如果由于市价持续下跌,或技术陈旧、损坏、长期闲置等原因导致其可收回金额低于账面价值的,将可收回金额低于其账面价值的差额作为固定资产减值准备。固定资产减值准备应按单项资产计提。

1606 固定资产清理

1. 核算内容说明

1）本科目是核算公司因出售、报废和毁损等原因转入清理的固定资产价值及其在清理过程中所发生的清理费用和清理收入等。

2）本科目应按被清理的固定资产设置明细账,进行明细核算。

3）本科目期末余额,反映尚未清理完毕固定资产的价值以及清理净收入（清理收入减去清理费用）。

2. 相关账务处理

1）出售、报废和毁损的固定资产转入清理时,按固定资产账面价值,借记本科目,按已提折旧,借记"累计折旧"科目,按已计提的减值准备,借记"固定资产减值准备"科目,按固定资产原价,贷记"固定资产"科目。

2）清理过程中发生的费用以及应交的税金,借记本科目,贷记"银行存款""应交税费—应交增值税"等科目;收回出售固定资产的价款、残料价值和变价收入等,借记"银行存款""原材料"等科目,贷记本科目;由保险公司或过失人赔偿的损失,借记"其他应收款"等科目,贷记本科目。

3）固定资产清理后的净收益,区别情况处理:属于筹建期间的,冲减长期待摊费用,借记本科目,贷记"长期待摊费用"科目;属于生产经营期间的,计入损益,借记本科目,贷记"资产处置损益"科目。固定资产清理后的净损失,区别情况处理:属于筹建期间的,计入长期待摊费用,借记"长期待摊费用"科目,贷记本科目;属于生产经营期间由于自然灾害等非正常原因造成的损失,借记"营业外支出"科目,贷记本科目;属于生产经营期间正常的处理损失,借记"资产处置损益"科目,贷记本科目。公司以固定资产清偿债务、以固定资产换入其他资产的,也应通过本科目核算。

1607 工程物资

1.核算内容说明

1)本科目是核算为在建工程准备的各种物资的成本,包括工程用材料、尚未安装的设备以及为生产准备的工器具等。

2)本科目应设置"材料""设备"等明细科目进行核算。

3)工程物资发生减值的,可以单独设置"工程物资减值准备"科目,比照"固定资产减值准备"科目进行处理。

4)本科目期末借方余额,反映为在建工程准备的各种物资的成本。

2.相关账务处理

1)购入为工程准备的物资,借记本科目,贷记"银行存款""其他应付款"等科目。

2)领用工程物资,借记"在建工程"科目,贷记本科目。工程完工后将领出的剩余物资退库时做相反的会计分录。已计提减值准备的,还应同时结转减值准备。

3)工程完工后剩余的工程物资转作本企业存货的,借记原材料相关科目,贷记本科目。

1608 融资租赁资产

1.核算内容说明

1)本科目是核算企业(租赁)为开展融资租赁业务取得资产的成本。

2）本科目设置客商、租赁项目辅助核算。

3）本科目期末借方余额,反映企业融资租赁资产的成本。

2. 相关账务处理

"融资租赁资产"核算融资租赁资产部分,购入时,借记本科目,贷记"银行存款",项目放款,借记"长期应收款—应收融资租赁直、回租项目款—本金",贷记本科目。

1701 无形资产

1. 核算内容说明

1）本科目是核算公司为生产商品、提供劳务、出租给他人,或为管理目的而持有的、没有实物形态的非货币性长期资产。

2）本科目应设置"非专利技术""专利权""土地使用权""商标权""著作权""特许权""软件""其他"等二级明细科目进行核算,无形资产类别辅助核算。

3）本科目期末借方余额,反映公司期末无形资产账面价值。

2. 相关账务处理

1）购入的无形资产,按实际支付的价款,借记本科目,贷记"银行存款"科目。

2）投资者投入的无形资产,按投资各方确认的价值,借记本科目,贷记"实收资本""股本"等科目。为首次发行股票而接受投资者投入的无形资产,应按该项无形资产在投资方的账面价值,借记本科目,贷记"实收资本""股本"等科目。

3）自行开发并按法律程序申请取得的无形资产,按依法取得时发生的注册费、聘请律师费等费用,借记本科目,贷记"银行存款"科目。公司在研究与开发过程中发生的材料费用、直接参与开发人员的工资及福利费、开发过程中发生的租金、借款费用等,借记"开发支出"科目,贷记"银行存款"科目。开发验收通过后,借记本科目,贷记"开发支出"科目。

4）接受捐赠的无形资产,按确定的实际成本,借记"无形资产",应交税费等科目,贷记"营业外收入—捐赠收入"科目。

5)公司出售无形资产,按实际取得的转让收入,借记"银行存款"科目,按该项无形资产已计提的减值准备,借记"无形资产减值准备"科目,按已计提累计摊销,借记"累计摊销"科目,按无形资产的账面余额,贷记本科目,按应支付的相关税费,贷记"银行存款""应交税费"等科目,按其差额,贷记"营业外收入"科目或借记"营业外支出"科目。

6)公司出租无形资产所取得的租金收入,借记"银行存款"科目,贷记"其他业务收入"科目;结转出租无形资产的成本时,借记"其他业务支出"科目,贷记"无形累计摊销"科目。

7)公司收到国家划拨的土地使用权,借记本科目,贷记"资本公积—其他权益变动"科目。

1702 累计摊销

1. 核算内容说明

1)本科目是核算公司对使用寿命有限的无形资产计提的累计摊销。

2)本科目可按无形资产项目进行明细核算。

3)本科目期末贷方余额,反映企业无形资产的累计摊销额。

2. 相关账务处理

计提无形资产摊销。无形资产自取得当月起在预计使用年限内分期平均摊销,计入损益。摊销无形资产价值时,借记"管理费用""销售费用""营业成本"等科目,贷记本科目。处置无形资产还应同时结转累计摊销。

1703 无形资产减值准备

1. 核算内容说明

1)本科目是核算公司计提的无形资产减值准备。

2)本科目可按无形资产项目进行明细核算。

3)本科目期末贷方余额,反映公司已提取的无形资产减值准备。

2.相关账务处理

计提无形资产减值准备时,借记"资产减值损失"科目,贷记"无形资产减值准备"科目。处置无形资产还应同时结转减值准备。

当存在下列一项或若干项情况时,将该项无形资产的账面价值全部转入当期损益,借记"资产减值损失"科目,贷记"无形资产"科目:①某项无形资产已被其他新技术等所代替,并且该项无形资产已无使用价值和转让价值;②某项无形资产已超过法律保护期限,并且不能为企业带来经济利益;③其他足以证明某项无形资产已经失去使用价值和转让价值的情形。

1704 使用权资产

1.核算内容说明

1)本科目是核算承租人持有的使用权资产的原价。

2)本科目设置"房屋"明细科目,并按客商、项目辅助核算。

3)本科目期末借方余额,反映承租人使用权资产的原价。

2.相关账务处理

1)在租赁期开始日,承租人应当按成本借记本科目,按尚未支付的租赁付款额的现值贷记"租赁负债"科目;对于租赁期开始日之前支付租赁付款额的(扣除已享受的租赁激励),贷记"预付款项"等科目;按发生的初始直接费用,贷记"银行存款"科目;按预计将发生的为拆卸及移除租赁资产、复原租赁资产所在场地或将租赁资产恢复至租赁条款约定状态等成本的现值,贷记"预计负债"科目。

2)在租赁期开始日后,承租人按变动后的租赁付款额的现值重新计量租赁负债的,当租赁负债增加时,应当按增加额借记本科目,贷记"租赁负债"科目;除下述"3)"中的情形外,当租赁负债减少时,应当按减少额借记"租赁负债"等科目,贷记本科目;若使用权资产的账面价值已调减至零,应当按仍需进一步调减的租赁负债金额,借记"租赁负债"科目,贷记"制造费用""销售费用""管理费用""研发支出"等科目。

3) 租赁变更导致租赁范围缩小或租赁期缩短的,承租人应当按缩小或缩短的相应比例,借记"租赁负债""使用权资产累计折旧""使用权资产减值准备"科目,贷记本科目,差额借记或贷记"资产处置损益"科目。

4) 企业转租使用权资产形成融资租赁的,应当借记"应收融资租赁款""使用权资产累计折旧""使用权资产减值准备"等科目,贷记本科目,差额借记或贷记"资产处置损益"科目。

1705 使用权资产累计折旧

1. 核算内容说明

1) 本科目是核算使用权资产的累计折旧。

2) 本科目可按使用权资产项目进行明细核算。

3) 本科目期末贷方余额,反映使用权资产的累计折旧额。

2. 相关账务处理

1) 承租人通常应当自租赁期开始日起按月计提使用权资产的折旧,借记"成本费用"科目,贷记本科目。

2) 因租赁范围缩小、租赁期缩短或转租等原因减记或终止确认使用权资产时,承租人应同时结转相应的使用权资产累计折旧。

1706 使用权资产减值准备

1. 核算内容说明

1) 本科目是核算使用权资产的减值准备。

2) 本科目可按使用权资产项目进行明细核算。

3) 本科目期末贷方余额,反映使用权资产的累计减值准备金额。

2. 相关账务处理

1) 使用权资产发生减值的,按应减记的金额,借记"资产减值损失"科目,贷记本科目。

2）因租赁范围缩小、租赁期缩短或转租等原因减记或终止确认使用权资产时,承租人应同时结转相应的使用权资产累计减值准备。

3）使用权资产减值准备一旦计提,不得转回。

1801 长期待摊费用

1. 核算内容说明

1）本科目是核算公司已经支出,但摊销期限在1年以上(不含1年)的各项费用,公司已经交纳的税金、无法与未来收益相配比的其他各项支出,不能在本科目核算,按照长期待摊费用类别辅助核算。

2）本科目按"原值""累计摊销",按费用的种类设置明细账,进行明细核算,并在会计报表附注中按照费用项目披露其摊余价值、摊销期限等。

3）本科目期末借方余额,反映公司尚未摊销的各项长期待摊费用的摊余价值。

2. 相关账务处理

1）新增长期待摊费用,借记"长期待摊费用"科目,贷记"银行存款"科目。

2）每月摊销,借记"管理费用""在建工程"等科目,贷记"长期待摊费用"科目。

1811 递延所得税资产

1. 核算内容说明

1）本科目是核算公司根据所得税准则确认的可抵扣暂时性差异产生的所得税资产。根据税法规定可用以后年度税前利润弥补的亏损及税款抵减产生的所得税资产,也在本科目核算。

2）本科目应设置"减值准备""内部交易未实现利润""可抵扣亏损、已计提未支付的职工薪酬""公允价值变动""其他"等明细科目,按照科目类型辅助核算。

3)本科目期末借方余额,反映公司已确认的递延所得税资产的余额。

2. 相关账务处理

1)资产负债表日,企业确认的递延所得税资产,借记本科目,贷记"所得税费用—递延所得税费用"科目。资产负债表日递延所得税资产的应有余额大于其账面余额的,应按其差额确认,借记本科目,贷记"所得税费用—递延所得税费用"科目;资产负债表日递延所得税资产的应有余额小于其账面余额的差额做相反的会计分录。

企业合并中取得资产、负债的入账价值与其计税基础不同形成可抵扣暂时性差异的,应于购买日确认递延所得税资产,借记本科目,贷记"商誉"科目。

与直接计入所有者权益的交易或事项相关的递延所得税资产,借记本科目,贷记"资本公积—其他资本公积"科目。

2)资产负债表日,预计未来期间很可能无法获得足够的应纳税所得额用以抵扣可抵扣暂时性差异的,按原已确认的递延所得税资产中应减记的金额,借记"所得税费用—递延所得税费用""资本公积—其他资本公积"等科目,贷记本科目。

1901 待处理财产损溢

1. 核算内容说明

1)本科目是核算企业在清查财产过程中查明的各种财产盘盈、盘亏和毁损的价值。物资在运输途中发生的非正常短缺与损耗,也通过本科目核算。企业如有盘盈固定资产的,应作为前期差错计入"以前年度损益调整"科目。

2)本科目应按盘盈、盘亏的资产种类和项目进行明细核算。

3)本科目处理前的借方余额,反映公司尚未处理的各种财产的净损失;处理前的贷方余额,反映公司尚未处理的各种财产的净溢余。期末,处理后本科目应无余额。

2. 相关账务处理

1)盘盈的各种材料、库存商品、固定资产等,借记"原材料""库存商品""固定资产"等科目,贷记本科目和"累计折旧"科目。盘亏、毁损的各种材料、库存商品、固定资产等,借记本科目和"累计折旧"科目,贷记"原材料""库存商品""固定资产""应交税费—应交增值税(进项税额转出)"等科目。

2)资产处置盘盈、盘亏、毁损的财产,报经批准后处理时:流动资产的盘盈,借记本科目,贷记"管理费用"科目;固定资产的盘盈,借记本科目,贷记"营业外收入—固定资产盘盈"科目;流动资产盘亏、毁损,先减去残料价值、可以收回的保险赔偿和过失人的赔偿,借记"原材料""其他应收款"等科目,贷记本科目,剩余净损失,属于非常损失部分,借记"营业外支出—非常损失"科目,贷记本科目;属于一般经营损失部分,借记"管理费用"科目,贷记本科目;固定资产的盘亏,借记"营业外支出—固定资产盘亏"科目,贷记本科目。

物资在运输途中的短缺与损耗,除合理的途耗计入物资的采购成本外,能确定由过失人负责的,自"在途物资"等科目转入"应付账款""其他应收款"等科目,尚待查明原因和需要报经批准才能转销的损失,先通过本科目核算,查明原因后,再分别处理:属于应由供应公司、运输机构、保险公司或其他过失人负责赔偿的损失,借记"应付账款""其他应收款"等科目,贷记本科目;属于自然灾害等非常原因造成的损失,将减去残料价值和过失人、保险公司赔款后的净损失,借记"营业外支出— 非常损失"科目,贷记本科目;属于无法收回的其他损失,借记"管理费用"科目,贷记本科目。

如清查的各种财产的损溢,在期末结账前尚未经批准的,在对外提供财务会计报告时先按上述规定进行处理,并在会计报表附注中作出说明。如果其后批准处理的金额与已处理的金额不一致的,应调整会计报表相关项目的年初数。

3.2.2 负债类

2001 短期借款

1.核算内容说明

1)本科目是核算公司向银行或其他金融机构等借入的期限在1年以下(含1年)的各种借款。

2）本科目应按"质押借款""抵押借款""保证借款""信用借款"等二级明细科目进行核算。其中："质押借款"设置客商辅助核算，其他设置银行账户明细核算。

3）本科目期末贷方余额，反映公司尚未偿还的短期借款的本金。

2. 相关账务处理

1）借入短期借款，借记"银行存款"科目，贷记本科目。

2）归还短期借款，借记本科目，贷记"银行存款"科目。

3）资产负债表日，应按计算确定的短期借款利息费用，借记"财务费用""利息支出"等科目，贷记"银行存款""应付利息"等科目。

2002 存入保证金

1. 核算内容说明

1）本科目是核算公司按合同规定收到的担保履约保证金及公司分出担保业务按协议规定由分入担保人存入的分担保保证金。

2）本科目设置"存入担保保证金""存入分担保保证金"二级明细科目，并设置客商辅助核算。

3）本科目期末贷方余额，反映公司收到的被担保人存入的担保保证金及分入担保项目存入的分担保保证金。

2. 相关账务处理

1）存入担保保证金

收到保证金时，借记"银行存款"科目，贷记本科目。到期退还保证金时，借记本科目，贷记"银行存款"科目。担保代偿后收到被担保人延期归还的代偿款本息和赔偿损失等时，按原收取的担保保证金或分担保保证金，借记本科目或"存入分担保保证金"科目，按收回的担保代偿款，借记"银行存款"科目，按原支付的代偿金额，贷记"应收代偿款"或"担保赔偿准备"科目。

2）存入分担保保证金

（1）按合同规定由分入担保人存入的分担保保证金，借记"银行存款"科目，贷记本科目。

(2)到期退还给分担保接受人时,借记本科目,贷记"银行存款"科目。担保代偿后收到被担保人延期归还的代偿款本息和赔偿损失等时,按原收取的担保保证金或分担保保证金,借记"存入担保保证金"或本科目,按收回的担保代偿款,借记"银行存款"科目,按原支付的代偿金额,贷记"应收代偿款""担保赔偿准备"等科目。

2005 应付货币保证金

1. 核算内容说明

1)本科目是核算期货公司收到客户或分级结算制度下全面结算会员收到非结算会员缴存的货币保证金,以及期货业务盈利形成的货币保证金。

2)本科目可按客户或分级结算制度下非结算会员进行明细核算。

3)本科目期末贷方余额,反映期货公司尚未支付的货币保证金金额。

2. 相关账务处理

1)期货公司收到客户或分级结算制度下全面结算会员收到非结算会员划入的货币保证金时,按划入的货币保证金金额,借记"期货保证金存款"科目,贷记本科目。

期货公司向客户或分级结算制度下全面结算会员向非结算会员划出货币保证金时,按划出的货币保证金金额,借记本科目,贷记"期货保证金存款"科目。

2)客户期货合约实现盈利时,期货公司按期货结算机构结算单据列明的盈利金额,借记"应收货币保证金"科目,贷记本科目。

客户期货合约发生亏损时,期货公司按期货结算机构结算单据列明的亏损金额,借记本科目,贷记"应收货币保证金"科目。

3)期货公司代理买方客户进行期货实物交割的,按支付的交割货款金额(商品期货实物交割金额含增值税额,下同),借记本科目,贷记"应收货币保证金"科目。

期货公司代理卖方客户进行期货实物交割的,按收到的交割货款金额,借记"应收货币保证金"科目,贷记本科目。

4）期货公司因错单合约平仓产生的亏损，按结算单据列明的金额，借记"期货风险准备金"科目，贷记本科目。

期货公司因错单合约平仓实现的盈利，按结算单据列明的金额，借记本科目，贷记"营业外收入"科目。

期货公司向客户或分级结算制度下全面结算会员向非结算会员收取手续费及佣金时，按收取的手续费及佣金金额，借记本科目，贷记"手续费及佣金收入""应交税费"科目。

2006 代理交易结算资金

1. 核算内容说明
1）本科目是核算公司代客户存管交易的资金。
2）本科目设置"三方存管""股权转让"明细科目进行核算。
3）本科目期末贷方余额，反映按规定应支付给客户但还未支付的客户资金利息等。
2. 相关账务处理
1）收到代客户存管的资金利息或股权转让费用时，借记"银行存款"科目，贷记本科目。
2）将利息和股权转让费用转给客户时，借记本科目，贷记"银行存款"科目。

2007 代理兑付债券款

1. 核算内容说明
1）本科目是核算公司私募可转债业务的资金结算。
2）本科目设置"募集资金""利息""本金"明细科目进行核算。
3）本科目期末贷方余额，反映按规定应兑付客户但还未兑付客户的私募可转债本金或利息。
2. 相关账务处理
1）收到私募可转债应兑付的本金或利息时，借记"银行存款"科目，贷记本科目。

2)兑付给客户时,借记本科目,贷记"银行存款"科目。

2101 交易性金融负债

1. 核算内容说明

1)本科目是核算承担的交易性金融负债的公允价值。持有的直接指定为以公允价值计量且其变动计入当期损益的金融负债,也在本科目核算。

2)本科目应按交易性金融负债类别,分别按"本金""公允价值变动"等科目进行明细核算。

3)本科目期末贷方余额,反映承担的交易性金融负债的公允价值。

2. 相关账务处理

1)承担的交易性金融负债,应按实际收到的金额,借记"银行存款"科目,按发生的交易费用,借记"投资收益"科目,按交易性金融负债的公允价值,贷记本科目(本金)。

2)资产负债表日,按交易性金融负债票面利率计算的利息,借记"投资收益"科目,贷记"应付利息"科目。

资产负债表日,交易性金融负债的公允价值高于其账面余额的差额,借记"公允价值变动损益"科目,贷记本科目(公允价值变动);公允价值低于其账面余额的差额做相反的会计分录。

3)处置交易性金融负债,应按该金融负债的账面余额,借记本科目,按实际支付的金额,贷记"银行存款"科目,按其差额,贷记或借记"投资收益"科目。同时,按该金融负债的公允价值变动,借记或贷记"公允价值变动损益"科目,贷记或借记"投资收益"科目。

2125 应付分保账款

1. 核算内容说明

1)本科目核算本公司从事再保险业务应支付但尚未支付的款项。

2)本科目应当按照险种、分保类型及往来单位等项目进行明细核算。

3)本科目期末贷方余额,反映公司从事再保业务应支付的款项。

2. 应付分保账款的主要账务处理

1)分出业务

(1)在确认原保险合同保费收入的当期,按相关再保险合同约定计算确定的分出保费金额,借记"分出保费"科目,贷记本科目。

(2)在原保险合同提前解除的当期,按相关再保险合同约定计算确定的分出保费的调整金额,借记本科目,贷记"分出保费"科目。

(3)对于超赔再保险等非比例再保险合同,按相关再保险合同约定计算确定的分出保费金额,借记"分出保费"科目,贷记本科目。调整分出保费时,借记或贷记本科目,贷记或借记"分出保费"科目。

2)分入业务

(1)在确认分保费收入的当期,按相关再保险合同约定计算确定的分保费用金额,借记"分保费用"科目,贷记本科目。

(2)在能够计算确定应向再保险分出人支付的纯益手续费时,按相关再保险合同约定计算确定的纯益手续费金额,借记"分保费用"科目,贷记本科目。

(3)收到分保业务账单时,按账单标明的金额对分保费用进行调整,按调整增加额,借记"分保费用"科目,贷记本科目;按调整减少额,借记本科目,贷记"分保费用"科目。

(4)收到分保业务账单的当期,按账单标明的分保赔付款项金额,借记"赔付支出"科目,贷记本科目。

3)资金结算

本公司与分保业务往来的公司进行资金结算时,应将同一往来公司的"应收分保账款"科目和本科目的余额进行对冲,再按其差额结付资金;如本科目余额大于"应收分保账款"科目余额,本公司向对方公司实际支付款项时,借记本科目,贷记"银行存款"科目;如本科目余额小于"应收分保账款"科目余额,实际收到对方公司付给的款项时,借记"银行存款"科目,贷记"应收分保账款"科目。

本科目期末贷方余额,反映本公司从事再保险业务应支付但尚未支付的款项。

2201 应付票据

1. 核算内容说明

1)本科目是核算公司购买材料、商品和接受劳务供应等而开出、承兑的商业汇票,包括银行承兑汇票和商业承兑汇票。

2)本科目应设置"商业承兑汇票""银行承兑汇票""信用证""其他"等进行明细核算,并设置客商辅助核算。

3)本科目期末贷方余额,反映公司持有尚未到期的应付票据本息。

2. 相关账务处理

1)开出、承兑商业汇票或以承兑商业汇票抵付货款、应付账款时,按照票面金额,借记"材料采购""库存商品""应付账款""应交税费—应交增值税(进项税额)"等科目,贷记本科目。

若开出商业汇票需要交纳保证金,在实际交纳时,借记"其他货币资金—票据承兑保证金"科目,贷记"银行存款"科目。

2)支付银行承兑汇票的手续费,应按手续费金额,借记"财务费用"科目,贷记"银行存款"科目。支付票款,借记本科目,贷记"银行存款"科目。

3)开出的商业汇票,如为带息票据,应于月末按计算的应付利息,借记"财务费用"科目,贷记本科目。

(1)在支付到期商业票据时,借记本科目,贷记"银行存款""其他货币资金—票据承兑保证金"等科目。

(2)带息商业汇票到期支付本息时,按票据账面余额,借记本科目,按未计的利息,借记"财务费用"科目,按实际支付的金额,贷记"银行存款"科目。

(3)银行承兑汇票到期,企业无力支付票款的,按应付票据的票面金额,借记本科目,贷记"短期借款"科目。

(4)应设置"应付票据备查簿",逐笔详细登记应付票据的种类、汇票号码、票面金额、承兑人、签发日期、承兑日期、到期日、票面利率、合同交易号、收款人姓名或单位名称,以及付款日期和金额等资料。若支付保证金的,还应登记保证金金额等资料。应付票据到期结清时,应在备查簿内逐笔注销。

2202 应付账款

1. 核算内容说明

1)本科目是核算因购买材料、商品和接受劳务等经营活动应支付的款项。

工程承包单位与分包单位有关工程价款、管理费等结算而应付给分包单位的款项,也在本科目核算。

有关合同中规定暂扣供应单位或分包单位的质量保证金,在本科目核算。

2)本科目应设置"应付服务费""采购商品款""应付退保费""应付赔付款""应付房租""应付物业管理费用""应付工程款""其他"等进行明细核算,并设置客商、项目或险种、分保类型辅助核算。

3)本科目期末贷方余额,反映公司尚未支付的应付账款。

2. 相关账务处理

1)购入材料、商品等验收入库,但货款尚未支付,根据有关凭证,借记"材料采购""库存商品"等科目,按应交的增值税,借记"应交税费—应交增值税(进项税额)"科目,按应付的价款,贷记本科目。

2)接受供应单位提供劳务而发生的应付未付款项,根据应支付的金额,借记"基本生产成本""辅助生产成本""管理费用"等科目,贷记本科目。

3)以赊购的方式取得固定资产并且约定在短期内支付款项的,应按固定资产规定的入账价值,借记"固定资产""在建工程"等科目,贷记本科目。

4)工程承包单位与分包单位有关工程价款、管理费等结算而发生应付未付款项时,按应付未付金额,贷记本科目。

5)有关合同中规定暂扣供应单位或分包单位的质量保证金的,在发生质量问题需要降低合同价款的,若商品已售出或者劳务已完成,应按合同或协议规定的质量保证金金额,借记本科目,贷记"主营业务成本"科目;若商品未售出或者劳务未完成,应借记本科目,贷记"库存商品"科目。

6)期末,存货已经验收入库,但尚未取得发票等相关单据时,应按暂估价值,借记"库存商品"科目,贷记本科目(暂估款)。

7)如果形成的应付账款带有现金折扣的,应付账款应按发票上记载的不扣除现金折扣的金额入账,借记"银行存款"科目,贷记本科目。在实际支付时,按原入账金额,借记本科目,按获得的现金折扣,贷记"财务费用"科目,按实际支付的金额,贷记"银行存款"科目。

8)开出、承兑商业汇票抵付应付账款,借记本科目,贷记"应付票据"科目。

9)实际支付应付未付款项时,应支付的金额,借记本科目,贷记"银行存款"科目。

10)确实无法支付的应付账款,借记本科目,贷记"营业外收入—无法支付的应付款项"科目。

上述交易涉及增值税进项税额的,应进行相应的处理。

11)企业与债权人进行债务重组,应当分别以债务重组的不同方式进行处理。

(1)以低于重组债务账面价值的款项清偿债务的,应按应付账款的账面余额,借记本科目,按实际支付的金额,贷记"银行存款"科目,按其差额,贷记"营业外收入—债务重组利得"科目。

(2)以非现金资产清偿债务的,应按应付账款的账面余额,借记本科目,按用于清偿债务的非现金资产的公允价值,贷记"主营业务收入""其他业务收入""固定资产清理""无形资产""长期股权投资"等科目,按应支付的相关税费和其他费用,贷记"应交税费""银行存款"等科目,按其差额,贷记"营业外收入—债务重组利得"科目。

抵债资产为存货的,还应同时结转成本,记入"主营业务成本""其他业务成本"等科目;抵债资产为固定资产、无形资产的,其公允价值和账面价值的差额,记入"营业外收入—处置非流动资产利得"或"营业外支出—处置非流动资产损失"科目;抵债资产为其他权益投资、其他非流动金融资产、长期股权投资等的,其公允价值和账面价值的差额,记入"投资收益"科目。

(3)以债务转为资本,应按应付账款的账面余额,借记本科目,按债权人因放弃债权而享有股权的公允价值,贷记"实收资本"或"股本""资本公积—资本溢价或股本溢价"科目,按其差额,贷记"营业外收入—债务重组利得"科目。

(4)以修改其他债务条件进行清偿的,应将重组债务的账面余额与重组后债务的公允价值的差额,借记本科目,贷记"营业外收入—债务重组利得"科目。

2203 预收账款

1. 核算内容说明

1)本科目是核算公司按照合同规定向购货公司预收的款项。

它是买卖双方协议商定,由供货方或提供劳务方预先向购货方或接受劳务方收取一部分货款或定金而形成的一项负债。这项负债需要用以后的商品、劳务等偿付。

2)本科目应设置"服务费""租金""手续费""担保费""销售商品款""食堂费用""预收保费""预收基金管理费""其他"等进行明细核算,其中:"担保费"设置"融资性担保费"和"非融资性担保费"(按业务品种下设明细)三级明细科目进行核算,并设置客商、项目辅助核算;其他科目设置客商及项目辅助核算。

3)本科目期末贷方余额,反映公司预收的款项;期末如为借方余额,反映公司尚未转销的款项。

在会计期末应将预收账款明细科目借方余额转入应收账款,在会计报表中列示,并按照规定计提坏账准备。

2. 相关账务处理

1)向购货单位预收款项时,借记"银行存款"科目,贷记本科目。

2)销售实现时,按实现的收入和应交的增值税销项税额,借记本科目,按实现的营业收入,贷记"主营业务收入"科目,按专用发票上注明的增值税额,贷记"应交税费—应交增值税(销项税额)"科目。

3)购货单位补付的款项,借记"银行存款"科目,贷记本科目;退回多付的款项,做相反会计分录。

2204 合同负债

1. 核算内容说明

1）本科目是核算企业已收或应收客户对价而应向客户转让商品的义务。

2）本科目应设置"金融服务费""手续费""货款""基金管理费""咨询服务费""综合服务""运营维护费""商品销售""挂牌展示费""私募可转债手续费""登记托管费""数据服务费""系统建设服务费""征信服务费""其他"等进行明细核算，其中，"私募可转债手续费"设置"备案服务收入""结算服务收入"等三级明细科目进行核算。并设置客商辅助核算。

3）本科目期末贷方余额，反映企业在向客户转让商品之前，已经收到的合同对价或已经取得的无条件收取合同对价权利的金额。

2. 相关账务处理

1）企业在向客户转让商品之前，客户已经支付了合同对价或企业已经取得了无条件收取合同对价权利的，企业应当在客户实际支付款项与到期应支付款项孰早时点，按照该已收或应收的金额，借记"银行存款""应收账款""应收票据"等科目，贷记本科目。

2）企业向客户转让相关商品时，借记本科目，贷记"主营业务收入""其他业务收入"等科目。

3）企业因转让商品收到的预收款适用本准则进行会计处理时，不再使用"预收账款"及"递延收益"科目。

2205 应付利息

1. 核算内容说明

1）本科目是核算公司按照合同规定应支付的利息。包括短期借款，分期付息到期还本的长期借款，应付债券，划分为金融负债的优先股、永续债等应支付的利息。

2）本科目应设置"短期借款""长期借款""应付债券""资金调配""资金拆借""其他"等进行明细核算，并设置客商、银行账户辅助核算。

3）本科目期末贷方余额，反映公司尚未支付的利息。

2．相关账务处理

1）资产负债表日，应按摊余成本和实际利率计算确定的利息费用，借记"在建工程""财务费用""研发支出"等科目，按合同利率计算确定的应付未付利息，贷记本科目，按其差额，借记或贷记"长期借款——利息调整"科目。

合同利率与实际利率差异较小的，也可以采用合同利率计算确定。

2）实际支付利息时，借记本科目，贷记"银行存款"科目。

2206 卖出回购金融资产款

1．核算内容说明

1）本科目是核算企业按回购协议卖出票据、证券、贷款等金融资产所融入的资金。

2）本科目应当按照卖出回购金融资产的产品类别进行明细核算。

2．相关账务处理

1）企业根据回购协议卖出票据、证券、贷款等金融资产时，应按实际收到的金额，借记"银行存款"等科目，贷记本科目。

2）资产负债表日，应按实际利率计算确定的卖出回购金融资产的利息费用，借记"利息支出"科目，贷记本科目。

实际利率与合同约定的名义利率差异不大的，也可以采用合同约定的名义利率计算确定利息费用。

3）卖出回购金融资产协议到期时，按其账面余额，借记本科目，按实际支付的金额，贷记"银行存款"等科目，按其差额，借记"利息支出"科目。

4）本科目期末借方余额，反映企业卖出的尚未到期回购的金融资产款余额。

2211 应付职工薪酬

1. 核算内容说明

1)本科目是核算公司根据有关规定应付给职工的各种薪酬。

2)本科目按"工资、奖金、津补贴""社会保险费""职工福利费""住房公积金""工会经费""职工教育经费""辞退福利""其他人员费用"等进行二级明细科目核算,其中部分科目下设如下三级明细科目:

"工资、奖金、津补贴"下设"工资""奖金""津补贴""其他工资性收入"等科目;"社会保险费"下设"养老保险""医疗保险""失业保险""工伤保险""生育保险""企业年金""补充医疗""其他"等科目;"职工福利费"下设"女工费""独生子女费""食堂费用""体检费""其他"等科目;"职工教育经费"下设"单位组织的培训""职工参加的外部培训""在职深造奖励""其他"等科目;"其他人员费用"下设"其他短期薪酬""外派人员任职薪酬""劳务人员费用""实习生工资""兼职薪酬上缴""经济补偿金""其他"等科目。

3)工资科目借方发生额应等于当期实际发放金额;贷方发生额应等于当期已入账成本费用的工资总额。如有错账调整,用负号冲销后再订正。

4)本科目期末贷方余额,反映企业应付未付的职工薪酬。

2. 相关账务处理

1)支付或计提每月工资,借记本科目,贷记"其他应收款""应交税费""银行存款"等科目。

2)结转工资,借记"生产成本""制造费用""其他业务成本""开发成本""管理费用""销售费用"等科目,贷记本科目。

3)计提工会经费,借记"其他业务成本""开发成本""管理费用""销售费用"等科目,贷记本科目。

4)月末应根据当月应发工资总额的2%计提工会经费,借记本科目,贷记"其他应付款—应付工会经费"科目。

5)职工教育经费按照当年实际支出列支,当年累积支出不得超过当年工资总额的 2.5%,支付职工教育经费,借记本科目,贷记"库存现金""银行存款"等科目。

6)福利支出按照当年实际支出列支,当年累积支出不得超过当年工资总额的 14%,支付福利费,借记本科目,贷记"库存现金""银行存款"等科目。

7)结转福利费,借记"生产成本""制造费用""其他业务成本""开发成本""管理费用""销售费用"等科目,贷记本科目。

8)支付社会保险费,借记"其他应收款—代扣社保费"和本科目,贷记"银行存款"科目。

9)计提社会保险费,借记"生产成本""制造费用""其他业务成本""开发成本""管理费用""销售费用"等科目,贷记本科目。

10)支付住房公积金,借记"其他应收款—代扣住房公积金"和本科目,贷记"银行存款"科目。

11)计提住房公积金,借记"生产成本""制造费用""其他业务成本""开发成本""管理费用""销售费用"等科目,贷记本科目。

12)支付企业年金,借记本科目,贷记"库存现金""银行存款"等科目。

13)计提企业年金,借记"主营业务成本""其他业务成本""开发成本""管理费用""销售费用"等科目,贷记本科目。

14)支付经济补偿金,借记本科目,贷记"银行存款"科目。

15)计提经济补偿金,借记"在建工程""管理费用"等科目,贷记本科目。

16)支付劳务派遣费,借记本科目,贷记"银行存款"科目。

17)计提劳务派遣费,借记"生产成本""制造费用""其他业务成本""开发成本""管理费用""销售费用"等科目,贷记本科目。

2221 应交税费

1. 核算内容说明

1)本科目是核算公司按照税法规定计算应交纳的增值税、消费税、所得税、资源税、土地增值税、城市维护建设税、房产税、土地使用税、车船使用税、教育费附加、矿产资源补偿费、印花税等。公司代扣代交的个人所得税等,也通过本科目核算。

2)本科目按照应交税费的税种进行明细核算。应当在本科目下设置"应交增值税""未交增值税""预交增值税""待抵扣进项税额""待认证进项税额""待转销项税额""增值税留抵税额""代扣代缴税费""应交企业所得税""应交个人所得税""应交城市建设维护税""应交教育费附加""应交房产税""应交土地使用税""应交车船使用税""应交车辆购置税""应交印花税""应交消费税""应交契税""应交土地增值税""应交资源税""应交残保金""营业部代扣税费""转让金融商品应交增值税""应交其他税费"等二级明细科目。

其中,在"应交增值税"明细账内设置"进项税额""销项税额抵减""已交税金""转出未交增值税""减免税款""出口抵减内销产品应纳税额""销项税额""出口退税""进项税额转出""转出多交增值税""进项税额加计抵减"等三级明细科目;在"代扣代缴税费"下设"代扣代缴增值税""代扣代缴车船使用等税"三级明细科目。

3)小规模纳税人只需在"应交税费"科目下设置"应交增值税"明细科目,不需要设置上述专栏及除"转让金融商品应交增值税""代扣代交增值税"等以外的明细科目。

4)本科目期末贷方余额,反映公司尚未交纳的税费;期末如为借方余额,反映公司多交或尚未抵扣的税金。

2. 相关账务处理

1)应交增值税(一般纳税人)

(1)公司采购物资等,按应计入采购成本的金额,借记"材料采购""在途物资"或"原材料""库存商品"等科目,按可抵扣的增值税额,借记本科目(应交增值税—进项税额),按应付或实际支付的金额,贷记"应付账款""应付票据""银行存款"等科目。购入物资发生的退货,做相反的会计分录;收到增值税红字发票,贷记"应交增值税—进项税额转出"科目。

(2)销售物资或提供应税劳务,按营业收入和应收取的增值税额,借记"应收账款""应收票据""银行存款"等科目,按专用增值税发票上注明的增值税额,贷记本科目(应交增值税—销项税额),按实现的营业收入,贷记"主营业务收入""其他业务收入"等科目。发生的销售退回,做相反的会计分录。

(3)预缴增值税的账务处理。企业预缴增值税时,借记本科目(预交增值税),贷记"银行存款"科目。月末,企业应将"预交增值税"明细科目余额转入"未交增值税"明细科目,借记"应交税费—未交增值税"科目,贷记"应交税费—预交增值税"科目。房地产开发企业等在预缴增值税后,应直至纳税义务发生时方可从"应交税费—预交增值税"科目结转至"应交税费—未交增值税"科目。

(4)月份终了,公司应将当月发生的应交未交增值税额自"应交增值税"转入"未交增值税",会计分录借记"应交税费—应交增值税(转出未交增值税)"科目,贷记"应交税费—未交增值税"科目。

(5)月份终了,公司应将本月多交的增值税自"应交增值税"转入"未交增值税",即:借记"应交税费—未交增值税"科目,贷记"应交税费—应交增值税(转出多交增值税)"科目。

(6)公司当月缴纳上月的增值税,借记本科目(应交增值税—未交增值税),贷记"银行存款"科目。

2)应交增值税(小规模纳税人)

(1)公司采购物资等,按应计入采购成本的金额,借记"材料采购""在途物资""原材料""库存商品"等科目,小规模纳税人不享有进项税的抵扣权,购进产生的增值税直接计入有关货物或劳务的成本,按应付或实际支付的金额,贷记"应付账款""应付票据""银行存款"等科目。购入物资发生的退货,做相反的会计分录。

(2)销售物资或提供应税劳务,按营业收入和应收取的增值税额,借记"应收账款""应收票据""银行存款"等科目,按增值税发票上注明的增值税额,贷记本科目(应交税费—应交增值税),按实现的营业收入,贷记"主营业务收入""其他业务收入"等科目。发生的销售退回,做相反的会计分录。

(3)公司缴纳增值税,借记本科目(应交税费—应交增值税),贷记"银行存款"科目。

3)应交城市建设维护税、教育费附加、地方教育附加,根据应交地方税计算表借记"税金及附加"科目,贷记本科目;实际缴款时借记本科目,贷记"银行存款"科目。

4)企业按照税法规定计算应交的所得税,借记"所得税费用"科目,贷记本科目(应交企业所得税)。交纳的所得税,借记本科目(应交企业所得税),贷记"银行存款"科目。

5)代扣个人所得税时借记"应付职工薪酬",贷记本科目。实际缴款时借记本科目,贷记"银行存款"科目。

6)应交水利建设基金、印花税等其他税种,根据计算表借记"税金及附加"科目,贷记本科目;实际缴款时借记本科目,贷记"银行存款"科目。

2230 应付手续费及佣金

1. 核算内容说明

1)本科目是核算期货公司应付未付居间人、证券公司或客户的手续费及佣金,以及保险公司应向保险代理人支付的手续费。

2)本科目分"期货业务"和"保险业务",可按手续费及佣金支付对象进行明细核算,保险业务本科目一般按险种、保险代理渠道进行明细核算。

3)本科目期末贷方余额,反映期货公司应付未付居间人、证券公司或客户的手续费及佣金,以及保险公司应向保险代理人应付未付的手续费。

2. 相关账务处理

1)期货公司按照应付未付居间人或证券公司的佣金,借记"业务及管理费—居间人费用""业务及管理费—IB介绍费""应交税费"等科目,贷记本科目;期货公司实际支付时,借记本科目,贷记"银行存款"科目。

2)保险公司发生应付手续费时,借记"手续费支出"科目,贷记本科目。实际支付手续费时,借记本科目,贷记"现金""银行存款"等科目。

2232 应付股利

1. 核算内容说明

1）本科目是核算公司经董事会或股东大会，或类似机构决议确定分配的现金股利或利润，包括普通股股利、划分为权益工具的优先股以及永续债股利等。

2）本科目按股东名称设立明细科目。

3）本科目期末贷方余额，反映应付尚未支付的现金股利或利润。

2. 相关账务处理

1）根据股东大会或类似机构审议批准的利润分配方案，按应支付的现金股利或利润，借记"利润分配"科目，贷记本科目。

2）实际支付现金股利或利润时，借记本科目，贷记"银行存款"科目。

3）董事会或类似机构通过的利润分配方案中拟分配的现金股利或利润，不做账务处理，但应在附注中披露。

2234 应付质押保证金

1. 核算内容说明

1）本科目是核算期货公司代客户向期货交易所办理有价证券充抵保证金业务形成的可用于期货交易的保证金。

2）本科目可按客户（或分级结算制度下非结算会员）和有价证券类别进行明细核算。

3）本科目期末贷方余额，反映期货公司代客户向期货交易所办理有价证券充抵保证金业务形成的可用于期货交易的保证金。

2. 相关账务处理

1）全员结算制度下，期货公司代客户向期货交易所办理有价证券充抵保证金业务的，应当分别情况进行会计处理：

（1）客户委托期货公司向期货交易所提交有价证券办理充抵保证金业务

时,期货公司按期货交易所核定的充抵保证金金额,借记"应收质押保证金"科目,贷记本科目。

(2)有价证券价值发生增减变化,期货交易所相应调整核定的充抵保证金金额时,期货公司按调整增加数,借记"应收质押保证金"科目,贷记本科目;按调整减少数,借记本科目,贷记"应收质押保证金"科目。

(3)期货交易所将有价证券退还给客户时,期货公司按期货交易所核定的充抵保证金金额,借记本科目,贷记"应收质押保证金"科目。

(4)客户到期不能及时追加保证金,期货交易所处置有价证券时,期货公司按期货交易所核定的充抵保证金金额,借记本科目,贷记"应收质押保证金"科目;按处置有价证券所得款项金额,借记"应收货币保证金"科目,按垫付的款项金额,借记"应收风险损失款"科目,贷记"应付货币保证金"科目。

2)分级结算制度下,全面结算会员和交易结算会员代客户向期货交易所办理有价证券充抵保证金业务的,会计处理参照前述"1.核算内容说明"的规定。

非结算会员代客户向期货交易所办理有价证券充抵保证金业务的,应当分别情况进行处理:

(1)非结算会员代客户通过特别结算会员或全面结算会员向交易所申请办理有价证券充抵保证金业务时,非结算会员按期货交易所核定的充抵保证金金额,借记"应收质押保证金(特别结算会员或全面结算会员)"科目,贷记本科目。

全面结算会员按期货交易所核定的充抵保证金金额,借记"应收质押保证金(期货交易所)"科目,贷记本科目。

(2)有价证券价值发生增减变化,期货交易所相应调整核定的充抵保证金金额时,非结算会员按调整增加数,借记"应收质押保证金(特别结算会员或全面结算会员)"科目,贷记本科目;按调整减少数,借记本科目,贷记"应收质押保证金(特别结算会员或全面结算会员)"科目。

(3)期货交易所将有价证券退还给客户时,非结算会员按期货交易所核定的充抵保证金金额,借记本科目,贷记"应收质押保证金(特别结算会员或全面结算会员)"科目。

全面结算会员按期货交易所核定的充抵保证金金额,借记本科目(非结算会员),贷记"应收质押保证金(期货交易所)"科目。

(4)客户到期不能及时追加保证金,期货交易所处置有价证券时,非结算会员按期货交易所核定的充抵保证金金额,借记本科目,贷记"应收质押保证金(特别结算会员或全面结算会员)"科目,按处置有价证券所得款项金额,借记本科目(特别结算会员或全面结算会员)科目,贷记"应付货币保证金"科目。

全面结算会员按期货交易所核定的充抵保证金金额,借记本科目,贷记"应收质押保证金(期货交易所)"科目,按处置有价证券所得款项金额,借记"应收货币保证金"科目,贷记"应付货币保证金(非结算会员)"科目。

2235 期货风险准备金

1. 核算内容说明

1)本科目是核算期货公司按规定提取的期货风险准备金。

2)本科目期末贷方余额,反映期货公司提取的期货风险准备金额。

2. 相关账务处理

1)期货公司按规定以手续费收入的一定比例提取期货风险准备金时,按提取的期货风险准备金额,借记"期货风险准备金支出"科目,贷记本科目。

2)期货公司因自身原因造成的损失,按应由当事人负担的金额,借记"其他应收款"科目,按应由期货公司负担的金额,借记本科目,按应向期货结算机构或客户划转的金额,贷记"应收货币保证金""应付货币保证金"等科目。

3)期货公司按规定核销难以收回垫付的风险损失款时,按核销的风险损失款金额,借记本科目,贷记"应收风险损失款"科目。

2236 应付期货投资者保障基金

1. 核算内容说明

1)本科目是核算期货公司按规定提取的期货投资者保障基金。

2)本科目期末贷方余额,反映期货公司提取的期货投资者保障基金。

2. 相关账务处理

1）期货公司按规定提取期货投资者保障基金时，按提取的期货投资者保障基金额，借记"业务及管理费"科目，贷记本科目。

2）实际缴纳期货投资者保障基金时，借记本科目，贷记"应收货币保证金"科目。

2238 代理买卖证券款

1. 核算内容说明

1）本科目是核算期货公司接受客户委托，代理客户买卖与股票期权备兑开仓以及行权相关标的有价证券而收到的款项。期货公司代理客户领取的现金股利等，也在本科目核算。

2）本科目可按客户类别等进行明细核算。

3）本科目期末贷方余额，反映期货公司接受客户存放的代理买卖证券资金。

2. 相关账务处理

1）期货公司收到客户交来的款项，借记"期货保证金存款"科目，贷记本科目；客户提取存款时，做相反的会计分录。

2）接受客户委托，买入证券成交总额大于卖出证券成交总额的，应按买卖证券成交价的差额加上代扣代交的相关税费和应向客户收取的佣金等之和，借记本科目，贷记"结算备付金"等科目。

接受客户委托，卖出证券成交总额大于买入证券成交总额的，应按买卖证券成交价的差额减去代扣代交的相关税费和应向客户收取的佣金等后的余额，借记"结算备付金"科目，贷记本科目，反之，做相反分录。

2241 其他应付款

1. 核算内容说明

1）本科目是核算企业除应付票据、应付账款、预收账款、应付职工薪酬、应付利息、应付股利、应交税费、长期应付款等以外的其他各项应付、暂收的款项。

2)本科目设"个人款项""单位款项""经费往来""其他"等二级科目,按相应的客商进行辅助核算。

其中,"单位款项"下设"资金调配本金及利息""资金拆借本金及利息""代扣个人部分养老保险费""代扣个人部分医疗保险费""代扣个人部分失业保险费""代扣个人部分住房公积金""代扣个人部分企业年金""保证金""党费""工会经费""预提费用""押金""质保金""食堂费用""转租赁业务款""未确认融资费用""权利金""赔付款""往来款""补充医疗保险""企业年金""其他"等三级明细科目核算。

3)本科目期末贷方余额,反映公司尚未支付的其他应付款项。

2. 相关账务处理

1)收到母、子公司之间的借款以及往来款,借记"银行存款"科目,贷记本科目。

2)收到生育保险金,借记"银行存款"科目,贷记"其他应付款"科目。

3)支付生育保险金,借记本科目,贷记"银行存款"科目。

4)收到投标保证金,借记"银行存款"科目,贷记本科目;支付时,借记本科目,贷记"银行存款"科目。

5)收到履约保证金,借记"银行存款"科目,贷记本科目;支付时,借记本科目,贷记"银行存款"科目。

6)收到施工安全押金,借记"银行存款"科目,贷记本科目;支付时,借记本科目,贷记"银行存款"科目。

7)扣工程质保金时,借记"在建工程""开发成本"等科目,贷记本科目。退工程质保金时,借记本科目,贷记"银行存款"科目;没收工程质保金,借记本科目,贷记"在建工程""开发成本"等科目。

8)收到租赁业务押金或其他保证金,借记"银行存款"科目,贷记本科目;支付时,借记本科目,贷记"银行存款"科目。

2401 递延收益

1. 核算内容说明

1）本科目是核算企业确认的应在以后期间计入当期损益的政府补助。

2）本科目可按政府补助的项目进行辅助核算。

3）本科目期末贷方余额，反映应在以后期间计入当期损益的政府补助。

2. 相关账务处理

1）收到或应收的与资产相关的政府补助，借记"银行存款""其他应收款"等科目，贷记本科目。在相关资产使用寿命内分配递延收益，借记本科目，贷记"营业外收入"科目。

2）与收益相关的政府补助，用于补偿企业以后期间相关费用或损失的，按收到或应收的金额，借记"银行存款""其他应收款"等科目，贷记本科目。在发生相关费用或损失的未来期间，按应补偿的金额，借记本科目，贷记"营业外收入"科目。用于补偿企业已发生的相关费用或损失的，按收到或应收的金额，借记"银行存款""其他应收款"等科目，贷记"营业外收入"科目。

3）政府补助退回，返还政府补助时，按应返还的金额，借记本科目、"营业外收入"科目，贷记"银行存款""其他应收款"等科目。

2403 其他流动负债

1. 核算内容说明

1）本科目是核算公司发行的短期债券等。

2）本科目按项目类型设置明细，主要有"短期应付债券""债权投资计划""原担保保证金""已贴现或背书未到期的票据""再保理""应付共保账款""应付保单红利""救助基金""代理业务负债""被套期项目""债权融资计划""待转销项税""其他"等科目。

3）本科目期末贷方余额，反映公司期末发行短期债券余额等。

2. 相关账务处理

1) 收到发行短期债券资金时,借记"银行存款"科目,贷记本科目。

2) 归还短期债券时,借记本科目,贷记"银行存款"科目。

2404 保险合同准备金

1. 核算内容说明

保险合同准备金包括未到期责任准备金、未决赔款准备金和保费准备金。未到期责任准备金,是指保险人为尚未终止的非寿险保险责任提取的准备金。未决赔款准备金,是指保险人为非寿险保险事故已发生尚未结案的赔案提取的准备金。保费准备金是核算保险机构按规定从农业保险保费收入中提取,并按规定使用和转回的保费准备金。本科目应按种植业、养殖业、森林等大类险种进行明细核算。

2. 相关账务处理

未到期责任准备金核算,分为监管未到期责任准备金和保费不足准备金。监管未到期责任准备金是指按照《保险公司非寿险业务准备金管理办法(试行)》(保监会令〔2004〕第13号)及其实施细则评估计算的准备金,即按《企业会计准则解释第2号》(以下简称"2号解释")实施以前评估规则计算的准备金;保费不足准备金是按2号解释评估的准备金余额与监管未到期责任准备金余额的差额,包含首日费用、维持费用、风险边际、贴现、保费不足准备金等项目。未到期责任准备金科目下设"原保险合同"和"再保险合同"两个二级科目,分别用于核算直保业务和分入业务的未到期责任准备金。未到期责任准备金于每月末评估入账。入账时,按本月末余额和上月末余额的差额,应记如下凭证:借记"提取未到期责任准备金"科目,贷记"未到期责任准备金"科目。

未决赔款准备金核算科目中"监管"的含义同未到期责任准备金,"边际及贴现"即按照2号解释评估的未决赔款准备金金额与监管未决赔款准备金的差额,包含风险边际、贴现等项目。未决赔款准备金于每月末评估入账。入账时,按本月末余额和上月末余额的差额,应记如下凭证:借记"提取未决赔款准备金"科目,贷记"未决赔款准备金"科目。

保费准备金是保险机构按照各类农业保险当期实现的自留保费(即保险业务收入减去分出保费的净额)和规定的保费准备金计提比例计算应提取的保费准备金,借记"提取保费准备金"科目,贷记"保费准备金"科目。

2501 长期借款

1. 核算内容说明

1)本科目是核算企业向银行或其他金融机构借入的期限在一年以上(不含一年)的各项借款。

2)本科目应设置"质押借款""抵押借款""保证借款""信用借款"等科目明细核算,并设置客商辅助核算。

3)本科目期末贷方余额,反映企业尚未偿还的长期借款的摊余成本。

2. 相关账务处理

1)企业借入长期借款,应按实际收到的现金净额,借记"银行存款"科目,贷记本科目(本金),按其差额,借记本科目(利息调整)。

如果借入的长期借款为外币借款的,应按提款日的即期汇率折合的人民币金额入账。

2)到期支付利息,资产负债表日,应按摊余成本和实际利率计算确定的长期借款的利息费用,借记"在建工程""制造费用""财务费用""研发支出"等科目,按合同约定的名义利率计算确定的应付利息金额,贷记本科目(应计利息)或"应付利息"科目,按其差额,贷记本科目(利息调整)。

实际利率与合同约定的名义利率差异很小的,也可以采用合同约定的名义利率计算确定利息费用。

3)归还长期借款本金时,借记本科目(本金),贷记"银行存款"科目。同时,按应转销的利息调整、应计利息金额,借记或贷记"在建工程""制造费用""财务费用""研发支出"等科目,贷记或借记本科目(利息调整、应计利息)。

若将长期借款划转出去,或者无须偿还的长期借款,借记本科目,贷记"营业外收入—无法支付款项"科目。

2502 应付债券

1. 核算内容说明

1) 本科目是核算公司为筹集长期资金而发行的债券本金和利息,包括可转化债券、其他应付债券。

2) 发行的可转换公司债券,应将负债和权益成分进行分拆,分拆后形成的负债成分在本科目核算。

3) 本科目应设置"公司债""中期票据""ABS""私募""超短融""其他"等二级明细科目,并分别在"本金""利息调整"等科目进行明细核算,同时设置项目辅助核算。

4) 本科目期末贷方余额,反映公司尚未偿还的应付债券的摊余成本。

2. 相关账务处理

1) 发行债券,应按实际收到的金额,借记"银行存款"科目,按债券票面金额,贷记本科目(面值)。存在差额的,还应借记或贷记本科目(利息调整)。

发行的可转换公司债券,应按实际收到的金额,借记"银行存款"科目,按该项可转换公司债券包含的负债成分的面值,贷记本科目(可转换公司债券—面值),按权益成分的公允价值,贷记"资本公积—其他资本公积"科目,按其差额,借记或贷记本科目(利息调整)。

2) 资产负债表日,对于分期付息、一次还本的债券,应按摊余成本和实际利率计算确定的债券利息费用,借记"在建工程""制造费用""财务费用""研发支出"等科目,按票面利率计算确定的应付未付利息,贷记"应付利息"科目,按其差额,借记或贷记本科目(利息调整)。对于一次还本付息的债券,应于资产负债表日按摊余成本和实际利率计算确定的债券利息费用,借记"在建工程""制造费用""财务费用""研发支出"等科目,按票面利率计算确定的应付未付利息,贷记本科目(应计利息),按其差额,借记或贷记本科目(利息调整)。实际利率与票面利率差异较小的,也可以采用票面利率计算确定利息费用。

3）长期债券到期，支付债券本息，借记本科目（面值、应计利息）、"应付利息"等科目，贷记"银行存款"科目。同时，存在利息调整余额的，借记或贷记本科目（利息调整），贷记或借记"在建工程""制造费用""财务费用""研发支出"等科目。

4）可转换公司债券持有人行使转换权利，将其持有的债券转换为股票，按可转换公司债券的余额，借记本科目（可转换公司债券—面值、利息调整），按其权益成分的金额，借记"资本公积—其他资本公积"科目，按股票面值和转换的股数计算的股票面值总额，贷记"股本"科目，按其差额，贷记"资本公积—股本溢价"科目。如用现金支付不可转换股票的部分，还应贷记"银行存款"等科目。

5）应当设置"企业债券备查簿"，详细登记企业债券的票面金额、债券票面利率、还本付息期限与方式、发行总额、发行日期和编号、委托代售单位、转换股份等资料。企业债券到期兑付，在备查簿中应予注销。

2701 长期应付款

1. 核算内容说明

1）本科目是核算公司除长期借款和企业债券以外的其他各种长期应付款项，包括以分期付款方式购入固定资产和无形资产发生的应付账款、应付融资租入固定资产的租赁费、转租赁业务等。

2）本科目应设置"融资租赁销项税""本金""利息""未确认融资费用""其他"等二级明细科目进行核算，并设置客商、项目辅助核算。

3）本科目期末贷方余额，反映公司尚未支付的各种长期应付款。

2. 相关账务处理

具有融资性质的购销、租赁协议形成的长期应付款分以下几种情况处理：

（1）"融资租赁销项税"核算项目投放时"长期应收款—利息"税金部分，借记"长期应收款—应收融资租赁直、回租项目款—利息"科目，贷记本科目；每期收到项目租金，借记"未实现融资收益"科目，贷记"主营业务收入—利息收入—融资租赁直租项目收入"科目，差额计入本科目。

(2)"本金"核算转租赁业务本金部分,收到转租赁业务款,借记"银行存款"科目,贷记本科目,每期支付项目租金,借记本科目,贷记"银行存款"科目。

(3)"利息"核算转租赁业务利息部分,收到转租赁业务款,借记"未确认融资费用"科目,贷记本科目;每期支付项目租金,借记本科目,贷记"银行存款"科目,同时结转成本,借记"主营业务成本—融资成本—利息"科目,贷记"未确认融资费用"科目。

2702 租赁负债

1. 核算内容说明

1)本科目是核算承租人在租入资产确认使用权资产的同时确认租赁负债。

租赁负债等于按照租赁期开始日尚未支付的租赁付款额的现值。通常分别在非流动负债和一年内到期的非流动负债列示。

2)本科目应设置"租赁付款额""未确认融资费用"等二级明细科目进行核算,并设置客商辅助核算。

3)本科目期末贷方余额,反映公司租赁负债余额。

2. 相关账务处理

1)承租人的一般会计处理。

(1)租赁期开始日。借记"使用权资产(成本)""租赁负债—未确认融资费用"等科目,贷记"租赁负债—租赁付款额(尚未支付的租赁付款额)"等科目、"银行存款(初始直接费用+租赁期开始日支付的租金—租赁激励)""预计负债(为拆卸及移除租赁资产、复原租赁资产所在场地或将租赁资产恢复至租赁条款约定状态预计将发生的成本的现值)"等科目。

(2)确认租赁负债的利息。借记"财务费用—在建工程"等科目,贷记"租赁负债—未确认融资费用"等科目。

(3)支付租赁付款额。借记"租赁负债—租赁付款额"等科目,贷记"银行存款"科目。

(4)使用权资产的折旧是自租赁期开始日起按月计提使用权资产的累计折

旧。借记"制造费用—管理费用"科目。贷记"使用权资产累计折旧"科目。

(5)计提使用权资产减值准备(不得转回)。借记"资产减值损失"科目,贷记"使用权资产减值准备"科目。

(6)租赁期开始日后,承租人按变动后的租赁付款额的现值重新计量租赁负债。

①当租赁负债增加时。借记"使用权资产(租赁付款额现值的增加额)""租赁负债—未确认融资费用(差额)"等科目,贷记"租赁负债—租赁付款额(租赁付款额的增加额)"科目。

②当租赁负债减少且不属于租赁范围缩小或租赁期缩短的情形时。借记"租赁负债—租赁付款额(租赁付款额的减少额)"科目,贷记"使用权资产—管理费用(租赁付款额现值的减少额)""租赁负债—未确认融资费用(差额)"等科目。

使用权资产的账面价值已调减至零,但租赁负债仍需进一步调减的,承租人应当将剩余金额计入当期损益。

③当租赁负债减少且属于租赁范围缩小或租赁期缩短的情形时。借记"租赁负债—租赁付款额""使用权资产累计折旧""使用权资产减值准备"等科目,贷记"使用权资产""租赁负债—未确认融资费用(差额)""资产处置损益"等科目。

(7)租赁期满返还租赁资产时。借记"使用权资产累计折旧"科目,贷记"使用权资产"科目。

2)承租人对短期租赁和低价值资产租赁的简化处理。

(1)按照直线法或其他更合理的方法确认租金费用。借记"制造费用—销售费用—管理费用"科目,贷记"银行存款"科目。

(2)或有租金—实际发生时计入当期损益。借记"财务费用(按物价指数计算)""销售费用(按销售量等计算)"等科目,贷记"银行存款"科目。

2801 预计负债

1. 核算内容说明

1) 本科目是核算企业确认的对外提供担保、未决诉讼、产品质量保证、重组义务、亏损性合同等预计负债。

2) 本科目可设置"对外提供担保""未决诉讼""重组义务""亏损性合同""其他"等科目进行明细核算。

3) 本科目期末贷方余额,反映已确认尚未支付的预计负债。

2. 相关账务处理

1) 由对外提供担保、未决诉讼、重组义务产生的预计负债,应按确定的金额,借记"营业外支出"科目,贷记本科目。

2) 由产品质量保证产生的预计负债,应按确定的金额,借记"销售费用"科目,贷记本科目。

3) 由资产弃置义务产生的预计负债,应按确定的金额,借记"固定资产"科目,贷记本科目。

在固定资产使用寿命内,按计算确定各期应负担的利息费用,借记"财务费用"科目,贷记本科目。

4) 实际清偿或冲减的预计负债,借记本科目,贷记"银行存款"科目。

5) 根据确凿证据需要对已确认的预计负债进行调整的,调整增加的预计负债,借记有关科目,贷记本科目;调整减少的预计负债做相反的会计分录。

2901 递延所得税负债

1. 核算内容说明

1) 本科目是核算企业确认的应纳税暂时性差异产生的所得税负债。

2) 本科目可按应纳税暂时性差异的项目进行明细核算。

3) 本科目期末贷款余额,反映已确认的递延所得税负债。

2. 相关账务处理

1)资产负债表日,按确认的递延所得税负债,借记"所得税费用—递延所得税费用"科目,贷记本科目。资产负债表日递延所得税负债的应有余额大于其账面余额的,应按其差额确认,借记"所得税费用—递延所得税费用"科目,贷记本科目;资产负债表日递延所得税负债的应有余额小于其账面余额的做相反的会计分录。

与直接计入所有者权益的交易或事项相关的递延所得税负债,借记"资本公积—其他资本公积"科目,贷记本科目。

2)企业合并中取得资产、负债的入账价值与其计税基础不同形成应纳税暂时性差异的,应于购买日确认递延所得税负债,同时调整商誉,借记"商誉"科目,贷记本科目。

2902 持有待售负债

1. 核算内容说明

1)本科目是核算持有待售的处置组中的负债。
2)本科目按照负债类别进行明细核算。
3)本科目期末贷方余额,反映企业持有待售的处置组中的负债的账面余额。

2. 相关账务处理

企业将相关处置组划分为持有待售类别时,按相关负债的账面余额,借记"应付账款""应付职工薪酬"等科目,贷记本科目。

3.2.3 所有者权益类

4001 实收资本

1. 核算内容说明

1)本科目是核算公司接受投资者投入的实收资本。公司收到投资者投入的资金,超过其在注册资本中所占份额的部分,作为资本溢价,在"资本公积"科目核算,不计入本科目。

2)本科目应按"国家资本""集体资本""法人资本""个人资本""外商资本"等设置二级明细科目,其中"法人资本"下设"国有法人资本""集体法人资本""其他法人资本"等三级明细科目,并按客商辅助核算。

3)本科目期末贷方金额,反映公司实收资本或股本总额。

2. 相关账务处理

1)接受投资者投入的资本,借记"银行存款""其他应收款""固定资产""无形资产""长期股权投资"等科目,按其在注册资本或股本中所占份额,贷记本科目,按其差额,贷记"资本公积—资本溢价或股本溢价"科目。

2)股东大会批准的利润分配方案中分配的股票股利,应在办理增资手续后,借记"利润分配"科目,贷记本科目。

经股东大会或类似机构决议,用资本公积转增资本,借记"资本公积—资本溢价或股本溢价"科目,贷记本科目。

3)可转换公司债券持有人行使转换权利,将其持有的债券转换为股票,按可转换公司债券的余额,借记"应付债券—可转换公司债券(面值、利息调整)"科目,按其权益成分的金额,借记"资本公积—其他资本公积"科目,按股票面值和转换的股数计算的股票面值总额,贷记本科目,按其差额,贷记"资本公积—股本溢价"科目。如有现金支付不可转换股票,还应贷记"银行存款"科目。

企业将重组债务转为资本的,应按重组债务的账面余额,借记"应付账款"科目,按债权人因放弃债权而享有本企业股份的面值总额,贷记本科目,按股份的公允价值总额与相应的实收资本或股本之间的差额,贷记或借记"资本公积—资本溢价或股本溢价"科目,按其差额,贷记"营业外收入—债务重组利得"科目。

4)以权益结算的股份支付换取职工或其他方提供服务的,应在行权日,应根据实际行权情况确定的金额,借记"资本公积—其他资本公积"科目,按应计入实收资本或股本的金额,贷记本科目。

5)企业按法定程序报经批准减少注册资本的,借记本科目,贷记"库存现金""银行存款"等科目。

4002 资本公积

1. 核算内容说明

1) 本科目是核算收到投资者出资额超出其在注册资本或股本中所占份额的部分。直接计入所有者权益的利得和损失,也通过本科目核算。

2) 本科目应当分别设置"资(股)本溢价""其他资本公积"等科目进行明细核算。

3) 本科目期末贷方余额,反映公司实有的资本公积。

2. 相关账务处理

1) 资本溢价。公司收到投资者投入的资金,按实际收到的金额或确定的价值,借记"银行存款""固定资产"等科目,按其在注册资本(股本)中所占的份额,贷记"实收资本"或"股本"科目,按其差额,贷记本科目(资本溢价)。

2) 接受股东捐赠的非现金资产,按确定的价值,借记有关科目,贷记本科目;接受股东捐赠的非现金资产处置时,按转入资本公积的金额,借记本科目,贷记有关科目。公司接受股东捐赠现金,借记"银行存款"科目,贷记本科目。

3) 无偿划拨全资子公司

(1) 划入企业的会计处理:

① 个别财务报表。根据国资监管部门批复的有关金额,借记"长期股权投资"科目,贷记"资本公积(资本溢价)"科目(若批复明确作为资本金投入的,记入"实收资本"科目)。

② 合并财务报表。划入企业在取得被划拨企业的控制权后编制合并财务报表,一般包括资产负债表、利润表和现金流量表等:

a. 合并资产负债表。划入企业应当按照被划拨企业在划拨日经批复的资产和负债的账面价值为基础,对被划拨企业的资产负债表进行调整,所取得或承担的被划拨企业在划拨日的资产和负债之间的差额,归属于划入企业的部分计入资本公积(资本溢价),其他部分计入少数股东权益。对于划拨前被划拨企业实现的留存收益(盈余公积和未分配利润之和)中归属于划入企业的部分,应以划入企业的资本公积(资本溢价)贷方余额为限,自划入企业的资本公积转入盈余公积和未分配利润。

b.合并利润表。划入企业编制划拨当期合并利润表时,应包含划入企业和被划拨企业自当期期初至控制权转移之日实现的净利润。

c.合并现金流量表。划入企业编制划拨当期的合并现金流量表时,应包含划入企业及被划拨企业自当期期初至控制权转移之日产生的现金流量。

d.比较报表。编制划拨当期的期初的比较报表时,应视同被划拨企业一直以目前的状态存在。划入企业在取得被划拨企业的控制权之后编制合并财务报表应比照以上原则进行相关会计处理。

(2)划出企业的会计处理:

①个别财务报表。划出企业在丧失对被划拨企业的控制权之日,编制个别财务报表时,应按对被划拨企业的长期股权投资的账面价值借记"资本公积(资本溢价)"科目(若批复明确冲减资本金的,应借记"实收资本"科目),贷记"长期股权投资(被划拨企业)"科目;资本公积(资本溢价)不足冲减的,依次冲减盈余公积和未分配利润。

②合并财务报表。划出企业在丧失对被划拨企业的控制权之日,编制合并财务报表时,应不再将被划拨企业纳入合并财务报表范围,终止确认原在合并财务报表中反映的被划拨企业相关资产、负债、少数股东权益以及其他权益项目,相关差额冲减资本公积(资本溢价),资本公积(资本溢价)不足冲减的,依次冲减盈余公积和未分配利润。

4)无偿划拨除公司股权以外的其他资产

(1)划入企业的会计处理:根据国资监管部门批复的有关金额,借记有关科目,贷记"资本公积(资本溢价)"科目(若批复明确作为资本金投入的,计入"实收资本"科目)。

(2)划出企业的会计处理:根据国资监管部门批复的有关金额,借记"资本公积(资本溢价)"科目(若批复明确冲减资本金的,应借记"实收资本"科目),贷记有关科目;资本公积(资本溢价)不足冲减的,依次冲减盈余公积和未分配利润。

4003 其他综合收益

1. 核算内容说明

1）本科目是核算其他权益工具投资的公允价值变动、其他债权投资的公允价值变动、存货或自用房地产转换为投资性房地产公允价值大于账面价值的部分、权益法核算的长期股权投资被投资企业实现的其他综合收益中投资企业应该享有或者分担的部分、预期信用损失法下其他债权投资的减值、重新计量设定受益计划净负债或净资产导致的变动、现金流量套期工具产生的利得或损失中属于有效套期的部分、外币报表折算差额等。

2）本科目应当分别设置"其他权益工具投资""其他债权投资""投资性房地产""长期股权投资""其他"等科目进行明细核算，按照客商、项目进行辅助核算。

3）本科目期末贷方余额，反映公司期末的其他综合收益余额。

2. 相关账务处理

1）其他权益工具投资的公允价值变动：企业将非交易性权益工具投资指定为以公允价值计量且其变动计入其他综合收益的金融资产，该类金融资产公允价值的变动计入本科目。该类金融资产终止确认时，本科目余额应转入留存收益，即"盈余公积"和"未分配利润"科目，不得转入当期损益。

2）其他债权投资的公允价值变动：企业将符合条件的债权类金融资产分类为以公允价值计量且其变动计入其他综合收益的金融资产，该类金融资产公允价值的变动计入"其他综合收益"科目。该类金融资产终止确认时，"其他综合收益"科目余额应转入"投资收益"科目。

3）存货或自用房地产转换为投资性房地产，转换日公允价值大于账面价值的部分：企业将作为存货的房地产或者自用的建筑物转换为采用公允价值模式计量的投资性房地产时，转换日公允价值大于账面价值的其差额计入"其他综合收益"科目，转换日公允价值小于账面价值的，其差额计入"公允价值变动损益"科目。该类投资性房地产处置时，"其他综合收益"科目余额应计入当期损益。

4)权益法核算的长期股权投资,被投资企业实现的其他综合收益中投资企业应该享有或者分担的部分:被投资企业由于某事项或者交易确认的其他综合收益,投资企业按照持股比例计算出其应享有或者分担的部分,借记或贷记"长期股权投资—其他综合收益"科目,贷记或借记"其他综合收益"科目。该项长期股权投资以后处置时,"其他综合收益"科目余额应转入当期损益。

5)预期信用损失法下其他债权投资的减值:企业按照预期信用法计提其他债权投资减值时,借记"信用减值损失"科目,贷记"其他综合收益—信用减值准备"科目,减值转回时做相反分录。企业实际发生信用损失时,借记"其他综合收益—信用减值准备"科目,贷记"其他债权投资"科目。

4004 其他权益工具

1. 核算内容说明

1)本科目是核算企业发行的除普通股以外的归类为权益工具的各种金融工具。

2)本科目应当分别设置"优先股""永续债""其他"等科目进行明细核算,按照客商、项目辅助核算。

3)本科目期末贷方余额,反映公司发行在外的除普通以外的归类为权益工具的各种金融工具余额。

2. 相关账务处理

1)企业发行的金融工具归类为其他权益工具的,应按实际收到的金额,借记"银行存款"科目,贷记本科目。

2)分类为其他权益工具的金融工具,在存续期间分派股利(含分类为权益工具的工具所产生的"利息",下同)的,作为利润分配处理。发行方应根据经批准的股利分配方案,按应分配给金融工具持有方的股利金额,借记"利润分配"科目,贷记"应付股利"科目。

3)发行方发行的金融工具为既有负债成分又有权益工具成分的复合金融

工具的,应按实际收到的金额,借记"银行存款"科目,按金融工具的面值,贷记"应付债券—面值"科目,按负债成分的公允价值与金融工具面值之间的差额,借记或贷记"应付债券—利息调整"等科目,按实际收到的金额扣除负债成分的公允价值后的金额,贷记本科目。

4)由于发行的金融工具原合同条款约定的条件或事项随着时间的推移或经济环境的改变而发生变化,导致原归类为权益工具的金融工具重分类为金融负债的,应当于重分类日,按该工具的账面价值,借记本科目,按该工具的面值,贷记"应付债券—面值"等科目,按该工具的公允价值与面值之间的差额,借记或贷记"应付债券—利息调整"等科目,按该工具的公允价值与账面价值的差额,贷记或借记"资本公积—资本溢价(或股本溢价)"科目,如资本公积不够冲减的,依次冲减盈余公积和未分配利润。发行方以重分类日计算的实际利率作为应付债券后续计量利息调整等的基础。

因发行的金融工具原合同条款约定的条件或事项随着时间的推移或经济环境的改变而发生变化,导致原归类为金融负债的金融工具重分类为权益工具的,应于重分类日,按金融负债的账面价值,贷记本科目,按金融负债的面值,借记"应付债券—面值"等科目,按其差额,借记或贷记"应付债券—利息调整"等科目。

5)发行方按合同条款约定赎回所发行的除普通股以外的分类为权益工具的金融工具,按赎回价格,借记"库存股—其他权益工具"科目,贷记"银行存款"科目;注销所购回的金融工具,按该工具对应的其他权益工具的账面价值,借记本科目,按该工具的赎回价格,贷记"库存股—其他权益工具"科目,按其差额,借记或贷记"资本公积—资本溢价(或股本溢价)"等科目,如资本公积不够冲减的,依次冲减盈余公积和未分配利润。

6)发行方按合同条款约定将发行的除普通股以外的金融工具转换为普通股的,按该工具对应的其他权益工具或金融负债的账面价值,借记本科目、"应付债券"等科目,按普通股的面值,贷记"实收资本"科目,按其差额,贷记"资本公积—资本溢价(或股本溢价)"科目(如转股时金融工具的账面价值零头不足转换为1股普通股,发行方以现金或其他金融资产退换零头时,还需按支付的现金或其他金融资产的金额),贷记"银行存款"科目。

4101 盈余公积

1. 核算内容说明

1）本科目是核算公司从净利润中提取的盈余公积。

2）本科目应当分别设置"法定盈余公积""任意盈余公积"等科目进行明细核算。

3）本科目期末贷方余额，反映公司盈余公积余额。

2. 相关账务处理

1）根据法定盈余公积、任意盈余公积计算表提取盈余公积，借记"利润分配"科目（提取法定盈余公积、提取任意盈余公积），贷记本科目（法定盈余公积、任意盈余公积）。

2）盈余公积弥补亏损、转增资本，根据股东（大）会决议，借记本科目，贷记"实收资本"科目；弥补亏损，根据董事会决议借记本科目，贷记"利润分配"科目（盈余公积补亏）。

3）经股东大会决议，用盈余公积派送新股，按派送新股计算的金额，借记本科目，按股票面值和派送新股总数计算的股票面值总额，贷记"股本"科目。

4102 一般风险准备

1. 核算内容说明

1）本科目是核算公司按规定从税后利润提取的一般风险准备。

2）本科目期末贷方余额，反映公司提取的一般风险准备结余。

2. 相关账务处理

1）公司提取风险准备时，借记"利润分配—提取一般风险准备"科目，贷记本科目。

2）公司用风险准备弥补亏损时，借记本科目，贷记"利润分配——一般风险准备转入"科目。

4103 本年利润

1. 核算内容说明

1）本科目是分别核算公司实现的净利润（或发生的净亏损）。

2）本科目年末余额。

2. 相关账务处理

1）期末结转利润时，企业应将"主营业务收入""其他业务收入""营业外收入"科目的贷方发生额，转入本科目，借记"主营业务收入""其他业务收入""营业外收入"等科目，贷记本科目；将"主营业务成本""其他业务成本""税金及附加""管理费用""销售费用""财务费用""营业外支出""所得税费用"等科目的借方发生额，转入本科目，借记本科目，贷记"主营业务成本""其他业务成本""税金及附加""管理费用""销售费用""财务费用""营业外支出""所得税费用"等科目；将"投资收益""公允价值变动损益"等科目的净收益，转入本科目，借记"投资收益""公允价值变动损益"等科目，贷记本科目；如为损失，则做相反分录。

2）年度终了，应将本年收入和支出相抵后结出的本年实现的净利润，转入"利润分配"科目，借记本科目，贷记"利润分配—未分配利润"科目；如为净亏损做相反的会计分录。结转后本科目应无余额。

4104 利润分配

1. 核算内容说明

1）本科目是核算企业利润的分配（或亏损的弥补）和历年分配（或弥补）后的余额。

2）本科目应当设置"未分配利润""本年净利润转入""提取法定盈余公积""提取任意盈余公积""提取一般风险准备""提取信托赔偿准备金""储备基金""职工奖励及福利基金""企业发展基金""转增资本""应付利润""其他"等二级

明细科目进行核算。

3）本科目年末余额,反映公司历年积存的未分配利润(或未弥补亏损)。

2. 相关账务处理

1）企业按规定提取的盈余公积,借记本科目(提取法定盈余公积、提取任意盈余公积),贷记"盈余公积—法定盈余公积、任意盈余公积"科目。

2）经股东大会或类似机构决议,分配给股东或投资者的现金股利或利润,借记本科目(应付现金股利或利润),贷记"应付股利"科目。

经股东大会或类似机构决议,分配给股东的股票股利,应在办理增资手续后,借记本科目(转作股本的股利),贷记"股本"科目。

用盈余公积弥补亏损,借记"盈余公积—法定盈余公积或任意盈余公积"科目,贷记本科目(盈余公积补亏)。

3）年度终了,应将本年实现的净利润,自"本年利润"科目转入本科目,借记"本年利润"科目,贷记本科目(未分配利润),为净亏损的做相反的会计分录;同时,将"利润分配"科目所属其他明细科目的余额转入本科目"未分配利润"明细科目。结转后,本科目除"未分配利润"明细科目外,其他明细科目应无余额。

4105 担保扶持基金

1. 核算内容说明

1）本科目是核算担保公司的分公司收到的财政拨付款收入。

2）接受财政拨款应取得财政部门拨付款项的相关文件(函或批件),文件中应列明拨付资金的用途。

2. 相关账务处理

1）收到财政部门拨付款项时,借:银行存款;贷记本科目。

2）本科目期末贷方余额,反映企业累计收到的担保扶持基金。

3.2.4 成本类

5001 研发支出

1. 核算内容说明

1）本科目是核算企业进行研究与开发无形资产过程中发生的各项支出。

2）本科目应按研究开发项目，分别"费用化支出""资本化支出"进行明细核算。

3）本科目期末借方余额，反映企业正在进行无形资产研究开发项目满足资本化条件的支出。

2. 相关账务处理

1）自行开发无形资产发生的研发支出，不满足资本化条件的，借记本科目（费用化支出），满足资本化条件的，借记本科目（资本化支出），贷记"原材料""银行存款""应付职工薪酬"等科目。

2）研究开发项目达到预定用途形成无形资产的，应按本科目（资本化支出）的余额，借记"无形资产"科目，贷记本科目（资本化支出）。

期（月）末，应将本科目归集的费用化支出金额转入"管理费用"科目，借记"管理费用"科目，贷记本科目（费用化支出）。

5002 开发成本

1. 核算内容说明

1）本科目是核算房地产产品开发过程中所发生的各项费用。

2）开发成本核算主要步骤为：确定成本核算的对象→成本费用的归集与分配→完工后结转至开发产品。本账户借方登记企业在土地、房屋、配套设施和代建工程的开发过程中所发生的各项费用，贷方登记开发完成已竣工验收的开发产品的实际成本。

3）本科目设置"土地征用及拆迁补偿款""前期工程款""融资费用""开发

间接费用""建筑安装施工费""基础设施配套施工费""公共配套设施费""其他"等二级明细科目进行核算,并设置客商、项目辅助核算。

4)本科目期末借方余额,反映未完开发项目的实际成本。

2. 相关账务处理

1)支付土地征用费,借记本科目,贷记"银行存款"科目。

2)支付前期工程费、基础设施费、配套设施费、建筑安装工程费,借记"预付款项""应付账款""银行存款"等科目,贷记本科目。

3)支付开发间接费,借记本科目,贷记"银行存款"科目。

4)支付融资费用:详见"6604 财务费用"科目。

5003 合同履约成本

1. 核算内容说明

1)本科目是核算企业为履行当前或预期取得的合同所发生的、不属于其他企业会计准则规范范围且按照本准则应当确认为一项资产的成本。企业因履行合同而产生的毛利不在本科目核算。

2)本科目可按合同,按"服务成本""工程施工"等科目进行明细核算,并设置客商、项目辅助核算。

3)本科目期末借方余额,反映企业尚未结转的合同履约成本。

2. 相关账务处理

1)企业发生上述合同履约成本时,借记本科目,贷记"银行存款""应付职工薪酬""原材料"等科目。

2)对合同履约成本进行摊销时,借记"主营业务成本""其他业务成本"等科目,贷记本科目。涉及增值税的,还应进行相应的处理。

5101 开发间接费

1. 核算内容说明

本科目是核算房地产开发企业为开发房地产而发生的各项间接费用,包括现场工程管理人员工资、福利费、折旧费、差旅费、办公费、业务招待费、水电费、劳动保护费等。

2.相关账务处理

1)发生时,根据实际发生金额借记开发间接费,贷记银行存款。

2)月末,将开发间接费借方余额转入"开发成本—开发间接费",开发间接费科目月末余额为0。项目达到确认收入条件时对应结转开发成本,"开发成本—开发间接费"按建筑面积法在各成本对象之间分摊。

5201 劳务成本

1.核算内容说明

1)本科目是核算对外提供劳务所发生的成本。企业对外提供工业加工、修理修配产品等工业性劳务,成本的核算比照自产产成品的核算过程进行,分别在"基本生产成本""辅助生产成本""制造费用"等科目核算,不在本科目核算。

2)本科目设置"分包费""材料费""施工费""人工费""其他"等二级明细科目进行核算,并设置客商项目、辅助核算。

3)本科目期末借方余额,反映尚未完成劳务的成本,或尚未结转的劳务成本。

2.相关账务处理

1)发生的各项劳务成本,借记本科目,贷记"银行存款""应付职工薪酬""原材料"等科目。

2)结转完成劳务的成本,借记"主营业务成本""其他业务支出"等科目,贷记本科目。

3.2.5 损益类

6001 营业收入

1.核算内容说明

1)本科目是核算企业确认的销售商品、提供劳务等经营业务的收入。

2）本科目设置"融资租赁收入""不良资产经营及处置收入""供应链、保理业务收入""投资类业务收入""投资收益""其他营业收入"等二级明细科目进行核算，并设置客商、项目辅助核算。二级明细科目下可根据需要再设置三级及以下明细科目核算。

（1）"融资租赁收入"科目下设"融资租赁直租项目收入""融资租赁回租项目收入""融资租赁手续费收入"等三级明细科目，并设置客商、项目辅助核算。

（2）"不良资产经营及处置收入"科目下设"不良资产处置净收益""金融不良重组收益""非金融类不良重组收益""金融不良处置及法拍配资收益"等三级明细科目，并设置客商、项目辅助核算。

（3）"供应链、保理业务收入"科目下设"供应链服务收入""保理业务收入""其他"等三级明细科目，并设置客商、项目辅助核算。

（4）"投资类业务收入"科目下设"股权投资项目收益""债权投资项目收益""PPP投资项目收益""做市业务投资收益""持仓业务投资收益""交易性金融资产""其他"等三级明细科目，并设置客商、项目辅助核算。

其中，"债权投资项目收益"科目下设"私募债权投资""信托计划类债权投资""不良及法拍配资业务""纾困债投资""其他"四级明细科目。

（5）"其他营业收入"科目下设"服务费收入""固收类项目收入""商品销售收入""其他"等三级明细科目，并设置客商、项目辅助核算。

①"服务费收入"科目下设"信息服务收入""信息技术收入""平台建设及服务收入""综合服务收入""产品运营收入""征信服务收入""技术服务收入""咨询服务费收入""其他"等四级明细科目；

②"其他"科目下设"文演文展服务收入""交易所支持活动经费收入""资金清算手续费收入""资金拆借利息收入""房屋租赁收入""代征车船税手续费收入""共保出单费收入""代理佣金收入""物业管理费收入""会场服务收入""代理销售收入""居间服务收入""食堂收入""其他"等四级明细科目。

3）本科目的月末余额，反映公司自年初起至本月末止的累计营业收入，年终结账时，应全部转入"本年利润"科目，借记本科目，贷记"本年利润"科目，结转后本科目应无余额。

2.相关账务处理

1)收到营业收入,借记"银行存款""预收款项""应收账款"等科目,贷记"营业收入明细""应交税费"等科目。

2)公司根据本科目的发生额登记总账,并按月将本科目的余额转入"本年利润"科目,借记本科目,贷记"本年利润"科目,结转后本科目应无余额。

6002 利息收入

1.核算内容说明

1)本科目是核算公司确认的利息收入,包括与其他金融机构之间发生资金往来业务、买入返售金融资产等实现的利息收入等。

2)本科目设置"保证金利息收入""自有资金利息收入""贷款利息收入""客户资金利息收入""委托贷款利息收入""资金拆借利息收入""保理利息收入""其他"等二级明细科目进行核算,并设置客商、项目、银行账户辅助核算。

3)本科目的月末余额,反映公司自年初起至本月末止的累计利息收入,年终结账时,应全部转入"本年利润"科目,借记本科目,贷记"本年利润"科目,结转后本科目应无余额。

2.相关账务处理

1)公司应按确认的应收利息金额,借记"应收利息"科目,贷记本科目。

2)期末应将本科目余额转入"本年利润"科目,结转后本科目应无余额。

6004 已赚保费

1.核算内容说明

1)本科目是核算公司保险业务和担保业务产生的收入。

2)本科目设置"保险业务收入""担保业务收入"等二级明细科目核算,其中:

(1)"保险业务收入"科目下设"原保费收入""分保费收入""分出保费""提

取未到期责任准备金""摊回未到期责任准备金"等三级明细科目。

（2）"担保业务收"科目下设"融资性担保业务收入""非融资性担保业务收入""再担保业务收入""追偿收入""手续费收入""评审费收入""其他"等三级明细科目。其中：

①"融资性担保业务收入"科目下设"发债业务收入""一般流贷业务收入""总对总业务收入"等四级明细科目；

②"非融资性担保业务收入"科目下设"履约保函业务收入""电子保函业务收入""其他业务收入"等四级明细科目。

2. 相关账务处理

1）保险业务收入

（1）原保费收入

本科目核算公司根据原保险合同准则确认的原保险合同的保费收入，本科目应按险种设置明细核算。

确认的原保险合同保费收入，借记"应收保费""预收保费""银行存款""库存现金"等科目，贷记本科目。

保险储金业务，每年由核算单位按规定计提的利息作为保费收入，借记"利息收入"等科目，贷记本科目。投资保障型保险业务，保险合同生效时，由核算单位按规定的每份保费及保险年限计算总保费，借记"应收保费"科目，贷记本科目。

根据业务批单，增加保费时，借记"银行存款"或其他有关科目，贷记本科目；减少保费时，借记本科目，贷记"银行存款"或其他有关科目。

原保险合同提前解除的，按原保险合同约定计算确定的应退还投保人的金额，借记本科目，贷记"库存现金""银行存款"等科目。

期末应将本科目余额转入"本年利润"科目，结转后本科目应无余额。

（2）分保费收入

本科目核算公司根据再保险合同准则确认的再保险合同分保费收入。本科目应当按照分保类型和险种进行明细核算。公司在确认分保费收入时，借记"应收分保账款"科目，贷记本科目。在收到分保业务账单时，按账单标明的金额对分保费收入进行调整,按调整增加额,借记"应收分保账款"科目,贷记本科目;调整减少额,做相反的会计分录。

期末应将本科目余额转入"本年利润"科目,结转后本科目应无余额。

(3)分出保费

本科目核算公司向再保险接受人分出的保费,本科目应当按照分保类型及险种进行明细核算,分出保费的主要账务处理如下:

①公司在确认原保险合同保费收入的当期,应按再保险合同约定计算确定的分出保费金额,借记本科目,贷记"应付分保账款"科目。

在原保险合同提前解除的当期,应按再保险合同约定计算确定的分出保费的调整金额,借记"应付分保账款"科目,贷记本科目。

②对于超赔再保险等非比例再保险合同,应按再保险合同约定计算确定的分出保费金额,借记本科目,贷记"应付分保账款"科目。调整分出保费时,借记或贷记本科目,贷记或借记"应付分保账款"科目。

期末应将本科目余额转入"本年利润"科目,结转后本科目应无余额。

(4)提取未到期责任准备金

本科目核算公司提取的原保险合同未到期责任准备金和再保险合同分保未到期责任准备金,本科目可按保险合同和险种等进行明细核算。

提取未到期责任准备金的主要账务处理如下:

①公司在确认原保费收入的当期,应按保险精算确定的未到期责任准备金金额,借记本科目,贷记"未到期责任准备金"科目。

②资产负债表日,应按保险精算重新计算确定的未到期责任准备金与已提取的未到期责任准备金的差额,借记或贷记本科目,贷记或借记"未到期责任准备金"科目。

③原保险合同提前解除的,应按相关未到期责任准备金余额,借记"未到期责任准备金"科目,贷记本科目。

④在确认原保险合同保费收入的当期,应按相关再保险合同约定计算确定的相关应收分保未到期责任准备金金额,借记"应收分保未到期责任准备金"科目,贷记本科目。

资产负债表日,调整原保险合同未到期责任准备金余额的,应按相关再保险合同约定计算确定的应收分保未到期责任准备金的调整金额,借记本科目,贷记"应收分保未到期责任准备金"科目。

期末应将本科目余额转入"本年利润"科目,结转后本科目应无余额。

(5)摊回未到期责任准备金

本科目核算公司从事再保险业务应向再保险接受人摊回的未到期责任准备金,本科目可按摊回未到期责任准备金类别和险种等进行明细核算。其账务处理如下:

①公司在提取原保险合同未到期责任准备金的当期,应按相关再保险合同约定计算确定的应向再保险接受人摊回的未到期责任准备金,借记"应收分保未到期责任准备金"科目,贷记本科目。

②对原保险合同未到期责任准备金进行充足性测试补提保险责任准备金,应按相关再保险合同约定计算确定的应收分保未到期责任准备金的相应增加额,借记"应收分保未到期责任款准备金"科目,贷记本科目。

③资产负债表日,调整原保险合同未到期责任准备金余额或在原保险合同提前解除而转销相关未到期责任准备金余额,而冲减原保险合同相应未到期责任准备金余额的当期,应按相关应收分保未到期责任准备金的相应冲减金额,借记本科目,贷记"应收分保未到期责任准备金"科目。

期末应将本科目余额转入"本年利润"科目,结转后本科目应无余额。

2)担保业务收入

(1)本科目核算公司担保业务发生的收入,本科目按"融资性担保业务收入""非融资性担保业务收入""再担保业务收入""追偿收入""手续费收入""评审费收入""其他"等业务类型设置明细核算。

(2)确认的担保收入,借记预收账款—担保费—融资性担保、非融资性担保费——般流贷业务担保费、发债业务担保费、履约保函担保费;贷记已赚保费—担保业务收入—融资性担保业务收入、非融资性担保业务收入——般流贷业务、发债业务收入等。

6021 手续费及佣金收入

1. 核算内容说明

1）本科目是核算企业（金融）确认的手续费及佣金收入，包括办理结算业务、咨询业务、担保业务、代保管等代理业务以及办理受托贷款及投资业务等取得的手续费及佣金，如结算手续费收入、佣金收入、业务代办手续费收入、基金托管收入、咨询服务收入、担保收入、受托贷款手续费收入、代保管收入，代理买卖证券、代理承销证券、代理兑付证券、代理保管证券、代理保险业务等代理业务以及其他相关服务实现的手续费及佣金收入等。

2）本科目设置"期货业务手续费收入""资产管理业务收入""投资咨询业务收入""代销金融产品业务收入""区域股权市场手续费收入""其他"等二级明细科目进行核算，并设置客商、项目辅助核算。

（1）"期货业务手续费收入"科目下设"交易手续费""交割手续费""转入手续费""有价证券充抵保证金业务手续费""行权手续费""申报费""代理结算手续费"等三级科目。

（2）"资产管理业务收入"科目下设"资产管理计划管理费收入""业绩报酬收入""认、申购费收入""赎回费收入""财务顾问""咨询服务"等三级科目。

（3）"区域股权市场手续费收入"科目下设"私募可转债手续费""挂牌展示收入""中介机构会员费""登记托管收入""私募基金管理收入""培训及咨询业务收入""股权质押收入""股权转让收入""推荐服务收入"等三级科目。

3）期末应将本科目余额转入"本年利润"科目，结转后本科目应无余额。

2. 相关账务处理

1）企业确认的手续费及佣金收入，按应收的金额，借记"应收手续费及佣金收入""代理承销证券款"等科目，贷记本科目。

2）实际收到手续费及佣金，借记"银行存款""结算备付金""吸收存款"等科目，贷记"应收手续费及佣金收入"科目。

6041 营业成本

1. 核算内容说明

1）本科目是核算确认销售商品、提供劳务等营业收入时应结转的成本。

2）本科目设置"融资租赁支出""担保业务支出""其他业务支出"等二级明细科目进行核算。

（1）"融资租赁支出"科目下设"融资利息支出""融资担保费支出""融资手续费支出"等三级明细科目进行核算。

（2）"担保业务支出"科目下设"担保赔偿支出""分担保费支出""其他担保支出""担保手续费支出"等三级明细科目，并设置客商、部门辅助核算。其中"担保手续费支出"科目下设"电子保函手续费""预售资金监管保函手续费""分离式保函手续费""其他"等四级明细科目。

（3）"其他业务支出"科目下设"服务类支出""产品销售支出""其他"等三级明细科目。其中："服务类支出"科目下设"信息服务支出""咨询服务支出""信息技术支出""平台建设及服务支出""综合服务支出""产品运营支出""征信服务支出"等四级明细科目；"其他"科目下设"文演文展服务外包支出""房屋租赁支出""租赁负债的利息费用""代理佣金成本""会场服务支出""物理管理费支出""食堂支出""其他"等四级明细科目。

3）本科目的月末余额，反映公司自年初起至本月末止的累计营业成本，应全部转入"本年利润"科目，借记"本年利润"科目，贷记本科目，结转后本科目应无余额。

2. 相关账务处理

1）月度终了，应根据本月销售各种商品、提供的各种劳务等的实际成本，计算应结转的营业成本，借记本科目，贷记"库存商品""劳务成本"等科目。

2）月度终了，应将所售商品应负担的不予抵扣的进项税额转入本科目，借记本科目，贷记"应交税费—应交增值税（进项税额转出）"科目。

6042 利息支出

1. 核算内容说明

1)本科目是核算企业(金融)发生的利息支出,包括吸收的各种存款(单位存款、个人存款、信用卡存款、特种存款、转贷款资金等)、与其他金融机构(中央银行、同业等)之间发生资金往来业务、卖出回购金融资产等产生的利息支出等。

2)本科目可按利息支出项目进行明细核算设置"客户资金利息""银行借款利息"等二级明细科目进行核算,并设置客商辅助核算。

3)期末应将本科目余额转入"本年利润"科目,结转后本科目应无余额。

2. 相关账务处理

资产负债表日,企业应按实际利率计算确定的利息费用金额,借记本科目,按合同利率计算确定的应付未付利息,贷记"应付利息"科目,按其差额,借记或贷记"吸收存款—利息调整"等科目。

6043 手续费及佣金支出

1. 核算内容说明

1)本科目是核算企业(金融)发生的与其经营活动相关的各项手续费、佣金等支出。

2)本科目可按支出类别进行明细核算,设置"保险业务手续费及佣金支出""担保业务手续费及佣金支出""期货业务手续费及佣金支出""区域股权市场手续费及佣金支出""其他手续费支出"等明细科目。

(1)"担保业务手续费及佣金支出"科目下设"电子保函手续费""预售资金监管保函手续费""分离式保函手续费""其他"等三级明细科目。

(2)"期货业务手续费及佣金支出"科目下设"上交手续费""交易所减收手续费"等三级明细科目。

(3)"区域股权市场手续费及佣金支出"科目下设"私募可转债手续费""挂

牌展示""中介机构会员费""登记托管业务支出""私募基金管理业务支出""培训及咨询业务支出""推荐服务支出"等三级明细科目。

3）期末应将本科目余额转入"本年利润"科目，结转后本科目应无余额。

2. 相关账务处理

企业发生的与其经营活动相关的各项手续费、佣金等支出，借记本科目，贷记"银行存款"科目。

6044 退保金

1. 核算内容说明

1）本科目是核算企业（保险）寿险原保险合同提前解除时按照约定应当退还投保人的保单现金价值。

企业（保险）寿险原保险合同提前解除时应当退还投保人的不属于保单现金价值的款项，以及非寿险原保险合同提前解除时应当退还投保人的款项，在"保费收入"科目核算。

2）期末应将本科目余额转入"本年利润"科目，结转后本科目应无余额。

2. 相关账务处理

企业寿险原保险合同提前解除的，应按原保险合同约定计算确定的应退还投保人的保单现金价值，借记本科目，贷记"库存现金""银行存款"等科目。

6045 赔付支出净额

1. 核算内容说明

1）本科目是核算企业（保险）支付的原保险合同赔付款项和再保险合同赔付款项。

2）本科目可按保险合同和险种进行明细核算，设置"原保险合同赔付支出""再保险合同赔付支出""摊回赔付支出"等明细科目。

3）期末应将本科目余额转入"本年利润"科目，结转后本科目应无余额。

2. 相关账务处理。

1）企业在确定支付赔付款项金额或实际发生理赔费用的当期，借记本科目，贷记"银行存款""库存现金"等科目。

2）承担赔付保险金责任后应当确认的代位追偿款，借记"应收代位追偿款"科目，贷记本科目。

收到应收代位追偿款时，应按实际收到的金额，借记"库存现金""银行存款"等科目，按应收代位追偿款的账面余额，贷记"应收代位追偿款"科目，按其差额，借记或贷记本科目。已计提坏账准备的，还应同时结转坏账准备。

3）承担赔偿保险金责任后取得的损余物资，应按同类或类似资产的市场价格计算确定的金额，借记"损余物资"科目，贷记本科目。

处置损余物资，应按实际收到的金额，借记"库存现金""银行存款"等科目，按损余物资的账面余额，贷记"损余物资"科目，按其差额，借记或贷记本科目。已计提跌价准备的，还应同时结转跌价准备。

4）再保险接受人收到分保业务账单的当期，应按账单标明的分保赔付款项金额，借记本科目，贷记"应付分保账款"科目。

6046 提取准备金净额

1. 核算内容说明

1）本科目是核算企业提取的各项准备金金额，包括保险公司提取的保险准备金、担保保费准备金和期货风险准备支出等。

2）本科目按照准备金类型进行分类核算，设置"提取未决赔款准备金""摊回未决赔款准备金""提取保费准备金""提取赔偿准备金""期货风险准备支出"等明细科目。

3）本科目期末贷方余额，反映企业期末计提的各项准备金余额。

2. 相关账务处理

1）保险准备金账务处理

（1）提取未到期责任准备金的主要账务处理：

本公司在确认原保费收入的当期,应按保险精算确定的未到期责任准备金金额,借记本科目,贷记"未到期责任准备金"科目。

资产负债表日,应按保险精算重新计算确定的未到期责任准备金与已提取的未到期责任准备金的差额,借记或贷记本科目,贷记或借记"未到期责任准备金"科目。

原保险合同提前解除的,应按相关未到期责任准备金余额,借记"未到期责任准备金"科目,贷记本科目。

在确认原保险合同保费收入的当期,按相关再保险合同约定计算确定的相关应收分保未到期责任准备金金额,借记"应收分保未到期责任准备金"科目,贷记本科目。

资产负债表日,调整原保险合同未到期责任准备金余额的,按相关再保险合同约定计算确定的应收分保未到期责任准备金的调整金额,借记本科目,贷记"应收分保未到期责任准备金"科目。

期末,应将本科目余额转入"本年利润"科目,结转后本科目应无余额。

(2)提取未决赔款准备金的主要账务处理:

已发生已报案准备金,每月月末未决赔款估损金额减去已报案赔款准备金上月末余额的差额补提,提取时,借记本科目(已发生已报案准备金),贷记"未决赔款准备金—已发生已报案准备金"科目。

已发生未报案准备金,按保险精算确定的未报案赔款准备金金额减去上月末余额的差额补提,提取时,借记本科目(已发生未报案准备金),贷记"未决赔款准备金—已发生未报案准备金"科目。

理赔费用准备金,按保险精算确定的理赔费用准备金金额减去上月末余额的差额补提,提取时,借记本科目(理赔费用准备金),贷记"未决赔款准备金—理赔费用准备金"科目。

对未决赔款准备金进行充足性测试时,应按补提的未决赔款准备金金额,借记本科目,贷记"未决赔款准备金"科目。

期末,应将本科目余额转入"本年利润"科目,结转后本科目应无余额。

(3)提取保费准备金的账务处理

保险机构按照各类农业保险当期实现的自留保费(即保险业务收入减去分出保费的净额)和规定的保费准备金计提比例计算应提取的保费准备金,借记"提取保费准备金"科目,贷记"保费准备金"科目。

2)担保准备金账务处理

担保公司按照规定提取担保准备金时,借记"提取准备金净额—提取赔偿准备金"科目,贷记"保险合同准备金—担保赔偿准备"科目。

3)期货准备金账务处理

期货公司按规定提取期货风险准备金时,借记"期货风险准备支出—提取期货风险准备金"科目,贷记"期货风险准备金"科目。

期货风险准备金不足弥补风险损失时,期货公司按照实际发生的风险损失支出,借记"期货风险准备支出—期货风险损失弥补支出"科目,贷记"银行存款""其他应付款"等科目。

6047 保单红利支出

1. 核算内容说明

1)本科目是核算企业(保险)按原保险合同约定支付给投保人的红利。

2)期末应将本科目余额转入"本年利润"科目,结转后本科目应无余额。

2. 相关账务处理

企业按原保险合同约定计提应支付的保单红利,借记本科目,贷记"应付保单红利"科目。

6048 分保费用

1. 核算内容说明

1)本科目是核算公司向再保险分出人支付的分保费用。

2)本科目应当按照分保类型及险种进行明细核算。

3）期末应将本科目余额转入"本年利润"科目,结转后本科目应无余额。

2. 相关账务处理

1）公司在确认分保费收入的当期,应按再保险合同约定计算确定的分保费用金额,借记本科目,贷记"应付分保账款"科目。

收到分保业务账单,按账单标明的金额对分保费用进行调整,借记或贷记本科目,贷记或借记"应付分保账款"科目。

2）计算确定应向再保险分出人支付的纯益手续费的,应按再保险合同约定计算确定的纯益手续费,借记本科目,贷记"应付分保账款"科目。

6403 税金及附加

1. 核算内容说明

1）本科目是核算企业经营活动发生的消费税、城市维护建设税、资源税、教育费附加、地方教育费附加、水利建设基金、印花税、房产税、土地使用税、土地增值税等相关税费及附加。

2）本科目设置"城建税""教育费附加""房产税""土地使用税""印花税""残保金""车船使用税""地方教育费附加""其他"等二级明细科目进行核算。

3）期末应将本科目余额转入"本年利润"科目,结转后本科目应无余额。

2. 相关账务处理

1）计提税金及附加。企业按规定计算确定的与经营活动相关的税费,借记本科目,贷记"应交税费"科目。

2）收到已返还的消费税等原记入本科目的各种税金,应按实际收到的金额,借记"银行存款"科目,贷记"营业外收入—政府补助利得"科目。

6601 销售费用

1. 核算内容说明

1）本科目是核算公司为组织和管理生产经营所发生的销售费用。

2）本科目应按费用种类设置如"6602业务及管理费用"二级明细科目。

3）期末本科目应无余额。

2.相关账务处理

1）发生费用时,借记本科目相关明细科目,贷记"银行存款""其他应付款"等科目。

2）公司每月则应根据科目汇总表中本科目的发生额登记总账,并按月将本科目的余额转入"本年利润"科目,借记"本年利润"科目,贷记本科目,结转后本科目应无余额。

6602 业务及管理费用

1.核算内容说明

1）本科目核算公司在业务经营和管理过程中所发生的各项费用。

2）本科目按"人员费用""业务费用""管理费用"设置二级明细科目,并设置客商、部门等辅助核算。

(1)"人员费用"科目下设三级明细科目,包括:"工资、奖金、津补贴""社会保险费""住房公积金""职工福利费""工会经费""职工教育经费""辞退福利""其他人员费用"等。

(2)"业务费用"科目下设三级明细科目,包括:"诉讼费""公证费""咨询费""聘请中介机构费""业务宣传费""业务招待费""监管费""技术转让费""研究开发费""席位费""居间人费用""信息费""仓储费""基金管理费""其他业务费用"等。

(3)"管理费用"科目下设三级明细科目,包括:"办公费""车辆费""交通费""劳务费""书报杂志费""招聘费""劳动保护费""维护费""邮电费""印刷费""水电燃气费""租赁费""差旅费""会议费""外事费""财产保险费""安全防卫费""固定资产折旧""使用权资产折旧""低值易耗品摊销""无形资产摊销""长期待摊费用摊销""其他资产摊销""修理费""董事会费""绿化费""物业管理费""其他管理费用等。

3）本科目期末应无余额。

2. 相关账务处理

1）本科目可按费用项目进行明细核算。

2）发生各项费用时，借记本科目，贷记"库存现金""银行存款""应付职工薪酬""应交税费""其他应付款"等科目。

3）期末应将本科目的余额转入"本年利润"科目，结转后本科目应无余额。

6603 研发费用

1. 核算内容说明

1）本科目是反映企业进行研究与开发过程中发生的费用化支出，以及计入管理费用的自行开发无形资产的摊销。

研究阶段发生的费用及无法区分研究阶段研发支出和开发阶段研发支出的，应全部费用化；企业内部研究开发项目开发阶段的支出，能够证明符合无形资产条件的，应支出资本化，分期摊销。

2）研发费用明细科目参照业务及管理费明细设置。

3）期末应将本科目的余额转入"本年利润"科目，结转后本科目应无余额。

2. 相关账务处理

1）企业自行开发无形资产发生的研发支出，不满足资本化条件的，借记"研发支出—费用化支出"科目，满足资本化条件的，借记"研发支出—资本化支出"科目，贷记"原材料""银行存款""应付职工薪酬"等科目。

2）期（月）末，应将研发支出—费用化支出金额转入本科目，借记"研发费用"科目，贷记"研发支出—费用化支出"科目。

6604 财务费用

1. 核算内容说明

1）本科目是核算为筹集生产经营所需资金等而发生的筹资费用，包括利息支出（减利息收入）、汇兑损益以及相关的手续费、企业发生的现金折扣或收到的现金折扣等。

为购建或生产满足资本化条件的资产发生的应予资本化的借款费用，在"在建工程""制造费用"等科目核算。

2）本科目设置"利息收入""利息支出""手续费""汇兑损益""其他"等二级明细科目进行核算。

（1）"利息收入"科目下设三级明细科目，包括"银行存款""资金调配（内部上下级资金调配收入计入该科目）"科目。

（2）"利息支出"科目下设三级明细科目，包括"长期借款""短期借款""发债利息""资金调配（上下级资金调配使用该科目）""资金拆借（同级之间资金拆借使用该科目）""未确认融资费用""转租赁业务款""银行票据""其他"等。

（3）手续费下设三级明细科目：银行手续费、融资手续费、现金折扣。

3）期末应将本科目余额转入"本年利润"科目，结转后本科目应无余额。

2. 相关账务处理

1）企业发生的财务费用，借记本科目，贷记"银行存款""未确认融资费用"等科目。

发生的应冲减财务费用的利息收入、汇兑损益、现金折扣，借记"银行存款""应付账款"等科目，贷记本科目。

2）公司每月应根据科目汇总表中本科目的发生额登记总账，并按月将本科目的余额转入"本年利润"科目，借记"本年利润"科目，贷记本科目，结转后本科目应无余额。

6605 公允价值变动损益

1. 核算内容说明

1）本科目是核算企业交易性金融资产、交易性金融负债以及采用公允价值模式计量的投资性房地产、衍生工具、套期保值业务中公允价值变动形成的应计入当期损益的利得或损失。

指定为以公允价值计量且其变动计入当期损益的金融资产或金融负债公允价值变动形成的应计入当期损益的利得或损失,也在本科目核算。

2)本科目应当按照交易性金融资产、交易性金融负债等进行明细核算。

3)期末,应将本科目余额转入"本年利润"科目,结转后本科目应无余额。

2. 相关账务处理

1)资产负债表日,持有期间交易性金融资产或投资性房地产公允减值变动,企业应按交易性金融资产或采用公允价值模式计量的投资性房地产的公允价值高于其账面余额的差额,借记"交易性金融资产—公允价值变动"科目,贷记本科目;公允价值低于其账面余额的差额,做相反的会计分录。

2)出售交易性金融资产等时,应按实际收到的金额,借记"银行存款"科目,按其账面余额,贷记"交易性金融资产—成本,公允价值变动"科目,(贷记或借记"投资收益"科目)同时,按"交易性金融资产—公允价值变动"科目的余额,借记或贷记本科目,贷记或借记"投资收益"科目。

3)资产负债表日,企业持有期间交易性金融负债公允减值变动,交易性金融负债的公允价值高于其账面余额的差额,借记本科目,贷记"交易性金融负债"科目;公允价值低于其账面价值的差额,做相反的会计分录。

4)出售交易性金融负债时,应按其账面余额,借记"交易性金融负债"科目,按实际支付的金额,贷记"银行存款"科目,按其差额,(贷记或借记"投资收益"科目)同时,按"交易性金融负债—公允价值变动"科目的余额,借记或贷记本科目,贷记或借记"投资收益"科目。

6701 资产减值损失

1. 核算内容说明

1)本科目是核算企业根据资产减值等准则计提各项资产减值准备所形成的损失。

2)本科目应当按照资产减值损失的项目进行明细核算,并设置客商、项目辅助核算。

3）期末，应将本科目余额转入"本年利润"科目，结转后本科目应无余额。

2. 相关账务处理

1）企业的应收款项、存货、长期股权投资、其他权益投资、其他非流动金额资产、固定资产、无形资产、委托贷款等资产发生减值的，按应减记的金额，借记本科目，贷记"坏账准备""存货跌价准备""长期股权投资减值准备""其他权益投资减值准备""其他非流动金融资产减值准备""固定资产减值准备""无形资产减值准备""委托贷款损失准备"等科目。

在建工程、工程物资、生产性生物资产、商誉、抵债资产、损余物资、采用成本模式计量的投资性房地产等资产发生减值的，应当设置相应的减值准备科目，比照上述规定进行处理。

2）企业计提坏账准备、存货跌价准备、其他权益投资减值准备、其他非流动金融资产减值准备和委托贷款损失准备等后，相关资产的价值又得以恢复的，应在原已计提的减值准备金额内，按恢复增加的金额，借记"坏账准备""存货跌价准备""其他权益投资减值准备""其他非流动金融资产减值准备""委托贷款损失准备"等科目，贷记本科目。

6703 信用减值损失

1. 核算内容说明

1）本科目是核算企业计提本准则要求的各项金融工具减值准备所形成的预期信用损失。

2）本科目应当按照"债权投资""其他债权投资""其他权益工具投资""贷款""应收保理款""应收账款""其他应收账款""收购处置类不良资产（包）"等进行明细核算，并设置客商、项目辅助核算。

3）期末应将本科目余额转入"本年利润"科目，结转后本科目应无余额。

2. 相关账务处理

1）金融资产减值准备所形成的预期信用损失时，借"信用减值损失"科目，贷记"坏账准备（应收账款）""贷款损失准备""债券投资减值准备""合同资产减值准备""预计负债(贷款承诺)""其他综合收益(其他债券投资)"等科目。

2)信用减值损失计提产生的损失准备可以转回,确认为减值利得。

6704 资产处置损益

1. 核算内容说明

1)本科目是核算企业处置未划分或划分为持有待售资产的固定资产、在建工程、生产性生物资产及无形资产而产生的处置利得或损失。这些持有待售的非流动资产不包括金融工具、长期股权投资和投资性房地产等非流动资产。本科目借方登记非流动资产或资产组业务产生的净损失,贷方登记处置非流动资产或资产组产生的净收益。

2)本科目按"出售划分为持有待售的非流动资产利得或损失""出售划分为持有待售的处置组利得或损失""非流动资产处置利得或损失合计""债务重组中处置非流动资产产生的利得或损失""非货币性资产交换产生的利得或损失"等设置二级明细科目。

3)期末应将本科目的余额转入"本年利润"科目,结转后本科目应无余额。

2. 相关账务处理

根据当期资产处置报告单及相关明细账确认,发生处置净损失的,借记本科目(处理固定资产损失等科目),贷记"固定资产清理"等科目;如为净收益,则贷记本科目(处理固定资产利得等科目)。

6706 投资收益

1. 核算内容说明

1)本科目是核算公司对外投资所取得的收益或发生的损失。

2)本科目设置"股权投资收益""债权投资收益""金融理财产品收益""其他"等二级明细科目进行核算,并设置客商、项目辅助核算。

3)期末应将本科目的余额转入"本年利润"科目,结转后本科目应无余额。

2.相关账务处理

1)公司出售短期持有的股票、债券或到期收回债券,按实际收到的金额,借记"银行存款"科目,按以公允价值计量且其变动计入当期损益的金融资产的账面余额,贷记"以公允价值计量且其变动计入当期损益的金融资产"科目,按其差额,借记或贷记本科目。

2)长期股权投资持有期间取得的收益

(1)长期股权投资采用成本法核算的,企业应按被投资公司宣告发放的现金股利或利润中属于本企业的部分,借记"应收股利"科目,贷记本科目;属于被投资公司在取得投资前实现净利润的分配额,应作为投资成本的收回,贷记"长期股权投资"科目,不确认投资收益。

(2)长期股权投资采用权益法核算的,资产负债表日,应根据被投资公司实现的净利润或经调整的净利润计算应享有的份额,借记"长期股权投资—损益调整"科目,贷记本科目。

(3)被投资公司发生亏损、分担亏损份额超过长期股权投资账面价值,以其他实质上构成对投资公司净投资的长期权益账面价值为限继续确认投资损失的,借记本科目,贷记"长期股权投资—损益调整"科目。发生亏损的被投资公司以后实现净利润的,企业计算的应享有的份额,如有未确认投资损失的,应先弥补未确认的投资损失,弥补损失后仍有余额的,如原按投资合同或协议约定确认了投资损失,同时作为预计负债的,应首先冲减预计负债的余额,剩余部分借记"长期股权投资—损益调整"科目,贷记本科目。

3)出售或收回长期股权投资时,按实际收到的金额,借记"银行存款"等科目,按已提的减值准备,借记"长期投资减值准备"科目,按长期股权投资的账面余额,贷记"长期股权投资"科目,按其差额,贷记或借记本科目。

6707 其他收益

1.核算内容说明

1)该科目是核算总额法下与日常活动相关的政府补助,以及其他与日常活动相关且应直接计入本科目的项目。与企业日常活动无关的政府补助,计入"营业外收入"科目。

2) 本科目设置"政府补助""其他"等二级明细科目进行核算,计入本科目的政府补助可以按照类型进行辅助核算。

3) 本科目将在利润表中的"营业利润"科目上单独列报。

4) 期末应将本科目余额转入"本年利润"科目,本科目结转后应无余额。

2. 相关账务处理

1) 总额法下取得与企业日常活动相关的政府补助,与资产相关的政府补助,借记"银行存款"科目,贷记本科目;取得的资产按期计提折旧或摊销的同时分配递延收益,借记"递延收益"科目,贷记本科目。

2) 小微企业在取得销售收入时,应当按照税法的规定计算应交增值税,并确认为"应交税费",在达到增值税制度规定的免征增值税条件时,将有关"应交增值税"转入本科目。

3) 生产、生活性服务企业,根据《关于深化增值税改革有关政策的公告》(财政部 税务总局 海关总署公告 2019 年第 39 号)规定,自 2019 年 4 月 1 日至 2021 年 12 月 31 日,允许生产、生活性服务业纳税人按照当期可抵扣进项税额加计 10%,抵减应纳税额。在实际缴纳增值税时,按应纳税额借记"应交税费—未交增值税"科目,按实际纳税金额贷记"银行存款"科目,按加计抵减的金额贷记"其他收益"科目。

6708 营业外收入

1. 核算内容说明

1) 本科目是核算公司发生的与其生产经营无直接关系的各项收入。包括固定资产盘盈、处置固定资产净收益、非货币性交易收益、出售无形资产收益、罚款净收入等。

2) 本科目设置"政府补助""罚款收入""债务重组利得""教育费用及附加返还款""出纳长款收入""无法支付的应付款项""固定资产清理净收入""其他

营业外收入"等二级明细科目进行核算,其中"其他营业外收入"科目下设"盘盈利得""捐赠利得""其他"等三级明细科目。

3)各核算公司每月应根据本科目发生额进行记账,并于月末将本科目的余额结转入"本年利润"科目,借记本科目,贷记"本年利润"科目,结转后本科目应无余额。

2.相关账务处理

1)固定、无形资产处置利得,借记"固定资产清理净收入"科目,贷记本科目。

2)罚款收入,借记"银行存款"科目,贷记本科目。

3)赔偿收入,借记"银行存款"科目,贷记本科目。

4)政府补助收入,详见"2401递延收益"科目。

5)捐赠收入,借记"银行存款"或"固定资产"等科目,贷记本科目。

6)其他,借记"银行存款",贷记本科目。

6711 营业外支出

1.核算内容说明

1)本科目是核算企业发生的与其经营活动无直接关系的各项净支出,包括处置非流动资产损失、非货币性资产交换损失、债务重组损失、罚款支出、捐赠支出、非常损失、盘亏毁损损失等。

2)本科目设置"固定资产清理净损失""债务重组损失""一次性住房补贴""出纳短款支出""捐赠支出""非常损失""赔偿和违约支出""赞助支出""其他营业外支出"等二级明细科目进行核算。

3)期末应将本科目余额转入"本年利润"科目,结转后本科目应无余额。

2.相关账务处理

1)捐赠支出,借记本科目,贷记"银行存款"科目。

2)其他营业外支出,借记本科目,贷记"银行存款"科目。

6801 所得税费用

1. 核算内容说明

1）本科目是核算公司根据所得税准则确认的应从当期利润总额中扣除的所得税费用。

2）本科目应当按照"当期所得税费用""递延所得税费用"等进行明细核算。

3）期末应将本科目的余额转入"本年利润"科目，结转后本科目应无余额。

2. 相关账务处理

1）资产负债表日，企业按照税法规定计算确定的当期应交所得税，借记本科目（当期所得税费用），贷记"应交税费—应交所得税"科目。

2）资产负债表日，根据递延所得税资产的应有余额大于"递延所得税资产"科目余额的差额，借记"递延所得税资产"科目，贷记本科目（递延所得税费用）、"资本公积—其他资本公积"等科目；递延所得税资产的应有余额小于"递延所得税资产"科目余额的差额做相反的会计分录。

应予确认的递延所得税负债，应当比照上述原则调整本科目、"递延所得税负债"等有关科目。

6901 以前年度损益调整

1. 核算内容说明

1）本科目是核算企业本年度发生的调整以前年度损益的事项以及本年度发现的重要前期差错更正涉及调整以前年度损益的事项。应根据当期资产调整变动或递延所得税资产和递延所得税负债的变动确认。

企业在资产负债表日至财务报告批准报出日之间发生的需要调整报告年度损益的事项，也可以通过本科目核算。

2）本科目结转后应无余额。

2. 相关账务处理

1）企业调整增加以前年度利润或减少以前年度亏损，借记有关科目，贷记本科目;调整减少以前年度利润或增加以前年度亏损,借记本科目,贷记有关科目。

2)由于以前年度损益调整增加的所得税费用,借记本科目,贷记"应交税费—应交所得税"科目;由于以前年度损益调整减少的所得税费用,借记"应交税费—应交所得税"科目,贷记本科目。

经上述调整后,应将本科目的余额转入"利润分配—未分配利润"科目,本科目如为贷方余额,借记本科目,贷记"利润分配—未分配利润"科目;如为借方余额,做相反的会计分录。

4

财务报告

财务报告,是指企业对外提供的反映企业某一特定日期财务状况和某一会计期间的经营成果、现金流量等会计信息的文件。财务报告包括财务报表和财务报表附注。

4.1 范围及基本要求

4.1.1 范围

本章适用于公司所有企业编制的财务报告,包括资产负债表、利润表、现金流量表、所有者权益变动表及财务报表附注。本章还适用于需要编制合并财务报告的企业编制的合并财务报告。

4.1.2 财务报表列报的基本要求

1. 遵循国家统一的《企业会计准则》进行确认和计量

企业应当根据实际发生的交易和事项,遵循《企业会计准则》的规定进行确认和计量,做到内容完整、数字真实、计算准确,不得漏报或者任意取舍,并在此基础上编制财务报表。企业应当在附注中对遵循《企业会计准则》编制的财务报表作出声明,只有遵循了《企业会计准则》的所有规定时,财务报表才应当被称为"遵循了《企业会计准则》"。

2. 以持续经营假设为基础

企业应当以持续经营为基础编制财务报表,企业正式决定或被迫在当期或将在下一个会计期间进行清算或停止营业的,表明其处于非持续经营状态,应当采用其他基础编制财务报表,并在附注中声明财务报表未以持续经营为基础列报、披露未以持续经营为基础的原因和财务报表的编制基础。

3. 重要性原则

项目在财务报表中是单独列报还是合并列报,应当依据重要性原则来判断。具体为:性质不同的项目,在财务报表和附注中单独列报,但是不具有重要性的项目可以合并列报;性质类似的项目,在财务报表和附注中可以合并列报,但是对其具有重要性的类别应该单独列报;本办法规定单独列报的项目,企业都应当单独列报。

判断项目性质的重要性,应当考虑该项目的性质是否属于企业日常活动等因素;判断项目金额大小的重要性,应当通过单项金额占资产总额、负债总额、所有者权益总额、营业收入总额、营业成本总额、净利润等直接相关项目金额的比重加以确定。

4.财务报表项目保持一致

财务报表项目的列报(包括财务报表项目的分类、排列顺序等)应当在各个会计期间保持一致,不得随意变更。只有在符合以下条件之一时,才可以变更财务报表项目的列示和分类:

1)会计准则要求改变。

2)企业经营业务的性质发生重大变化,或者发现原有的列示和分类不能够真实、完整地反映企业的财务状况、经营成果和现金流量,变更财务报表项目的列报能够提供更可靠、更相关的会计信息。

当会计报表项目的列示和分类发生重大变化时,应在会计报表附注中披露变化的项目和原因,以及假设未发生变化该项目原来的列示方法、分类和金额。

5.财务报表项目应当以总额列报

财务报表项目应当以总额列报,资产和负债、收入和费用不能相互抵销,即不能以净额列报。但资产项目按扣除减值准备后的净额列示、非日常活动产生的损益,以收入扣减费用后的净额列示不属于抵销。

6.提供比较信息

企业在列报当期财务报表时,同时列报所有项目上一可比会计期间的比较数据,以及与理解当期财务报表相关的说明。

当财务报表项目的列示和分类发生变更的,应当对上期比较数据按照当期的列报要求进行调整,并在附注中披露调整的原因和性质,以及调整的各项目金额。对上期比较数据进行调整不切实可行的,应当在附注中披露不能调整的原因。

不切实可行,是指企业在作出所有合理努力后仍然无法采用某项规定。

7.财务报表表首的列报要求

财务报表分表首、正表两个部分,其中在表首部分应概括地说明下列信息:

1)编报企业的名称。

2)资产负债表日或财务报表涵盖的会计期间。

3)人民币金额单位。

4)财务报表是合并财务报表的,应当予以标明。

8. 企业应当按年度、季度、月度编制财务报表

年度财务报表涵盖的期间短于一年的,应当披露年度财务报表的涵盖期间,以及短于一年的原因。

9. 本部分规定在财务报表中单独列报的项目,应当单独列报。其他部分规定单独列报的项目,应当增加单独列报项目。

4.2 财务报表列报格式及列报方法

4.2.1 财务报表列报格式

详见附表:资产负债表、利润表、现金流量表、所有者权益变动表、业务及管理费用明细表、成本明细表、收入明细表、税费解缴表、人工成本表等。

4.2.2 财务报表列报方法

1. 资产负债表

资产负债表是反映企业在某一特定日期财务状况的会计报表。资产负债表的填列方法如下:

1)年初余额栏的填列方法

资产负债表"年初余额"栏内各项数字,应根据上年末资产负债表"期末余额"栏内所列数字填列。如果上年度资产负债表规定的各个项目的名称和内容同本年度不相一致,应对上年年末资产负债表各项目的名称和数字按照本年度的规定进行调整,填入表中"年初余额"栏内。

2)期末余额栏的填列方法

资产负债表"期末余额"栏内各项数字,一般应根据资产、负债和所有者权益类科目的期末余额填列。具体项目列报方法如下:

(1)资产项目

"货币资金"项目,反映企业库存现金、银行结算户存款、外埠存款、银行汇票存款、银行本票存款、信用卡存款、信用证保证金存款等的合计数。本项目根

据"库存现金""银行存款""其他货币资金"科目期末余额的合计数填列。

"交易性金融资产"项目,反映企业持有的以公允价值计量且其变动计入当期损益的为交易目的所持有的债券投资、股票投资、基金投资、权证投资等金融资产。本项目根据"交易性金融资产"科目的期末余额填列。

"应收票据"项目,反映企业因销售商品、提供劳务等而收到的商业汇票,包括银行承兑汇票和商业承兑汇票。本项目根据"应收票据"科目的期末余额,减去"坏账准备"科目中有关应收票据计提的坏账准备期末余额后的金额填列。

"应收账款"项目,反映企业因销售商品、提供劳务等经营活动应收取的款项。本项目应根据"应收账款"和"预收账款"科目所属各明细科目的期末借方余额合计数,减去"坏账准备"科目中有关应收账款计提的坏账准备期末余额后的金额填列。如"应收账款"科目所属明细科目期末有贷方余额的,应在资产负债表"预收款项"项目内填列。

"应收结算担保金",反映分级结算制度下结算会员(包括全面结算会员和交易结算会员)按照规定向期货和证券结算机构缴纳的结算担保金。结算会员尚未从期货和证券结算机构收回的结算担保金额。

"应收手续费及佣金",反映期货公司应收未收的与其经营活动相关的手续费及佣金款项。

"应收保费",反映按照原保险合同约定应向投保人收取但尚未收到的保险费,期末余额反映公司尚未收回的保险费。

"应收分保账款",反映分担保业务和保险业务产生的应收分保账款,期末余额反映公司因分担保业务和再保险业务而尚未收回的款项。

"应收分保合同准备金"是用于核算企业(再保险分出人)从事再保险业务确认的应收分保未到期责任准备金,以及应向再保险接受人摊回的保险责任准备金。企业(再保险分出人)可以单独设置"应收分保未到期责任准备金""应收分保未决赔款准备金"。本科目可按再保险接受人和再保险合同进行明细核算。

"应收货币保证金",反映期货公司向期货结算机构(指期货结算机构或分级结算制度下的特别结算会员和全面结算会员)划出的货币保证金,以及期货、期权业务盈亏、利息收入形成的货币保证金。反映期货公司从期货结算机构尚未收回的货币保证金金额。

"应收质押保证金",反映期货公司代客户或非结算会员向期货结算机构办理有价证券充抵保证金业务时形成的可用于期货、期权交易的保证金。期末余额反映期货公司尚未收回的有价证券充抵保证金业务形成的可用于期货、期权交易的保证金。

"预付款项"项目,反映企业按照购货合同规定预付给供应单位的款项等。本项目应根据"预付账款"和"应付账款"科目所属各明细科目的期末借方余额合计数,减去"坏账准备"科目中相关预付款项计提的坏账准备期末余额后的金额填列。如"预付账款"科目所属各明细科目期末有贷方余额的,应在资产负债表"应付账款"项目内填列。

"其他应收款"项目,反映企业除应收票据、应收账款、预付账款等经营活动以外的应收股利、应收利息及其他各种应收、暂付的款项。本项目应根据"其他应收款"科目的期末余额,减去"坏账准备"科目中有关其他应收款计提的坏账准备期末余额后的金额填列。

"存货"项目,反映企业期末在库、在途和在加工中的各种存货的可变现净值。本项目应根据"材料采购""在途物资""原料及主要材料""辅助材料""燃料""备品备件""其他材料""低值易耗品""库存商品""包装物""委托加工物资""委托代销商品""基本生产成本""辅助生产成本""制造费用""自制半成品"等科目的期末余额合计,减去"受托代销商品款""存货跌价准备"科目期末余额后的金额填列。材料采用计划成本核算,以及库存商品采用计划成本核算或售价核算的企业,还应按加或减材料成本差异、商品进销差价后的金额填列。

"一年内到期的非流动资产"项目,反映企业将于一年内到期的非流动资产项目金额,包括一年内到期的债权投资,长期待摊费用和一年内可收回的长期应收款。企业根据实际情况,确认该项业务对应的金额,然后汇总合计得到。

"其他流动资产"项目,反映企业除货币资金、交易性金融资产、应收票据、应收账款、存货等流动资产以外的其他流动资产。本项目应根据有关科目的期末余额填列。

"债权投资"项目,反映资产负债表日企业以摊余成本计量的长期债权投资的期末账面价值。该项目应根据"债权投资"科目的相关明细科目期末余额,减去"债权投资减值准备"科目中相关减值准备的期末余额后的金额分析填列。自资产负债表日起一年内到期的长期债权投资的期末账面价值,在"一年内到期的非流动资产"行项目反映。企业购入的以摊余成本计量的一年内到期的债权投资的期末账面价值,在"其他流动资产"行项目反映。

"其他债权投资"项目,反映资产负债表日企业分类为以公允价值计量且其变动计入其他综合收益的长期债权投资的期末账面价值。该项目应根据"其他债权投资"科目的相关明细科目期末余额分析填列。

"长期应收款"项目,反映企业融资租赁产生的应收款项、采用递延方式具有融资性质的销售商品和提供劳务等产生的长期应收款项等。本项目应根据"长期应收款"科目的期末余额,减去相应的"未实现融资收益"科目和"坏账准备"科目所属相关明细科目期末余额后的金额填列。

"长期股权投资"项目,反映企业持有的对子公司、联营企业和合营企业的长期股权投资。本项目应根据"长期股权投资"科目的期末余额,减去"长期股权投资减值准备"科目期末余额后的金额填列。

"其他权益工具投资"项目,反映资产负债表日企业指定为以公允价值计量且其变动计入其他综合收益的非交易性权益工具投资的期末账面价值。该项目应根据"其他权益工具投资"科目的期末余额填列。

"其他非流动金融资产"项目,反映自资产负债表日起超过一年到期且预期持有超过一年的以公允价值计量且其变动计入当期损益的非流动金融资产的期末账面价值。

"投资性房地产"项目,反映企业持有的投资性房地产。企业采用成本模式计量投资性房地产的,本项目应根据"投资性房地产"科目的期末余额,减去"投资性房地产累计折旧(摊销)"和"投资性房地产减值准备"科目期末余额后的金额填列;企业采用公允价值模式计量投资性房地产的,本项目应根据"投资性房地产"科目的期末余额填列。

"固定资产"项目,反映企业各种固定资产原价减去累计折旧和累计减值准备后的净额。本项目应根据"固定资产"科目的期末余额,减去"累计折旧"和

"固定资产减值准备"科目期末余额后的金额填列。

"在建工程"项目,反映企业期末各项未完工程的实际支出,包括交付安装的设备价值、未完建筑安装工程已经耗用的材料、工资和费用支出、预付出包工程的价款等的可收回金额。本项目应根据"在建工程"科目的期末余额,减去"在建工程减值准备"科目期末余额后的金额填列。

"使用权资产"项目,反映公司作为承租人可在租赁期内使用租赁资产的权利,期末按照享有租赁资产权益余额填列。

"工程物资"项目,反映企业尚未使用的各项工程物资的实际成本。本项目应根据"工程物资"科目的期末余额填列。

"固定资产清理"项目,反映企业因出售、毁损、报废等原因转入清理但尚未清理完毕的固定资产清理的净值,以及固定资产清理过程中所发生的清理费用和变价收入等各项金额的差额。本项目应根据"固定资产清理"科目的期末借方余额填列,如"固定资产清理"科目期末为贷方余额,以"-"号填列。

"无形资产"项目,反映企业持有的无形资产,包括专利权、非专利技术、商标权、著作权、土地使用权等。本项目应根据"无形资产"科目的期末余额,减去"累计摊销"和"无形资产减值准备"科目期末余额后的金额填列。

"开发支出"项目,反映企业开发无形资产过程中能够资本化形成无形资产成本的支出部分。本项目应根据"研发支出"科目中所属的"资本化支出"明细科目期末余额填列。

"商誉"项目,反映企业合并中形成的商誉的价值。本项目应根据"商誉"科目的期末余额,减去相应减值准备后的金额填列。

"长期待摊费用"项目,反映企业已经发生但应由本期和以后各期负担的分摊期限在一年以上的各项费用。长期待摊费用中在一年内(含一年)摊销的部分,在资产负债表"一年内到期的非流动资产"项目填列。本项目应根据"长期待摊费用"科目的期末余额减去将于一年内(含一年)摊销的数额后的金额填列。

"递延所得税资产"项目,反映企业确认的可抵扣暂时性差异产生的递延所得税资产。本项目应根据"递延所得税资产"科目的期末余额填列。

"其他非流动资产"项目,反映企业除长期股权投资、固定资产、在建工程、工程物资、无形资产等资产以外的其他非流动资产。本项目应根据有关科目的期末余额填列。

(2)负债项目

"短期借款"项目,反映企业向银行或其他金融机构等借入的期限在一年以下(含一年)的各种借款。本项目应根据"短期借款"科目的期末余额填列。

"交易性金融负债"项目,反映企业承担的以公允价值计量且其变动计入当期损益的为交易目的所持有的金融负债。本项目应根据"交易性金融负债"科目的期末余额填列。

"应付票据"项目,反映企业购买材料、商品和接收劳务供应等而开出、承兑的商业汇票,包括银行承兑汇票和商业承兑汇票。本项目应根据"应付票据"科目的期末余额填列。

"应付账款"项目,反映企业因购买材料、商品和接收劳务供应等经营活动应支付的款项。本项目应根据"应付账款"和"预付账款"科目所属各明细科目的期末贷方余额合计数填列;如"应付账款"科目所属明细科目期末有借方余额的,应在资产负债表"预付款项"项目内填列。

"预收款项"项目,反映企业按照购货合同规定预收的款项。本项目应根据"预收账款"和"应收账款"科目所属各明细科目的期末贷方余额合计数填列。如"预收账款"科目所属各明细科目期末有借方余额,应在资产负债表"应收账款"项目内填列。

"应付职工薪酬"项目,反映企业根据有关规定应付给职工的工资、职工福利、社会保险费、住房公积金、工会经费、职工教育经费、非货币性福利、辞退福利等各种一年内需要支付的薪酬。

"应交税费"项目,反映企业按照税法规定计算应交纳的各种税费,包括增值税、消费税、营业税、所得税、资源税、土地增值税、城市维护建设税、房产税、土地使用税、车船使用税、教育费附加、矿产资源补偿费等。企业代扣代交的个人所得税,也通过本项目列示。企业所交纳的税金不需要预计应交数的,如印花税、耕地占用税等,不在本项目列示。本项目应根据"应交税费"科目的期末贷方余额填列；如"应交税费"科目期末为借方余额，应以"-"号填列。

"其他应付款"项目，反映企业除应付票据、应付账款、预收款项、应付职工薪酬、应付股利、应付利息、应交税费等经营活动以外的其他各项应付、暂收的款项。本项目应根据"其他应付款"科目的期末余额填列。

"一年内到期的非流动负债"项目，反映企业非流动负债中将于资产负债表日后一年内到期部分的金额，如将于一年内偿还的长期借款、应付债券。本项目应根据有关科目的期末余额填列。

"其他流动负债"项目，反映企业除短期借款、交易性金融负债、应付票据、应付账款、应付职工薪酬、应交税费等流动负债以外的其他流动负债。本项目应根据有关科目的期末余额填列。

"长期借款"项目，反映企业向银行或其他金融机构借入的期限在一年以上(不含一年)的各项借款。本项目应根据"长期借款"科目的期末余额填列。

"应付债券"项目，反映企业为筹集长期资金而发行的债券本金和利息。本项目应根据"应付债券"科目的期末余额填列。

"长期应付款"项目，反映企业除长期借款和应付债券以外的其他各种长期应付款项。本项目应根据"长期应付款"科目的期末余额，减去相应的"未确认融资费用"科目期末余额后的金额填列。

"长期应付职工薪酬"项目，反映企业将于一年后支付的各项长期薪酬，其中将于一年内到期的长期薪酬需分类到应付职工薪酬项目。本项目应根据"长期应付职工薪酬"科目的期末余额填列。

"专项应付款"项目，反映企业取得政府作为企业所有者投入的具有专项或特定用途的款项。本项目应根据"专项应付款"科目的期末余额填列。

"预计负债"项目，反映企业确认的对外提供担保、未决诉讼、产品质量保证、重组义务、亏损性合同等预计负债。本项目应根据"预计负债"科目的期末余额填列。

"递延收益"项目，反映企业应在以后期间计入当期损益的政府补助，本项目应根据"递延收益"科目的期末余额填列。

"递延所得税负债"项目，反映企业确认的应纳税暂时性差异产生的所得税负债。本项目应根据"递延所得税负债"科目的期末余额填列。

"其他非流动负债"项目,反映企业除长期借款、长期应付款等负债以外的其他非流动负债。本项目应根据有关科目的期末余额减去将于一年内(含一年)到期偿还数后的余额填列。非流动负债各项目中将于一年内(含一年)到期的非流动负债,应在"一年内到期的非流动负债"项目内单独反映。

(3)所有者权益变动表项目

"实收资本(或股本)"项目,反映企业各投资者实际投入的资本(或股本)总额。本项目应根据"实收资本(或股本)"科目的期末余额填列。

"资本公积"项目,反映企业资本公积的期末余额。本项目应根据"资本公积"科目的期末余额填列。

"上级拨入资金"项目,反映企业各内部单独核算单位收到企业拨付的资金和资产的期末余额。应根据"上级拨入资金"科目期末余额填列,如该科目期末为借方余额,则以"-"号填列。企业编制汇总会计报表进行抵销后,本项目余额应为零。编制对外报送的正式报表时,无此项目。

"盈余公积"项目,反映企业盈余公积的期末余额。本项目应根据"盈余公积"科目的期末余额填列。

"未分配利润"项目,反映企业尚未分配的利润。本项目应根据"本年利润"科目和"利润分配"科目的余额计算填列。未弥补的亏损在本项目内以"-"号填列。

2. 利润表

利润表是反映企业在一定会计期间经营成果的会计报表。其填列方法如下:

1)上期金额栏的填列方法

利润表"上期金额"栏内各项数字,应根据上年该期利润表"本期金额"栏内所列数字填列。如果上年该期利润表规定的各个项目的名称和内容同本期不一致,应对上年该期利润表各项目的名称和数字按本期的规定进行调整,填入利润表"上期金额"栏内。

2）本期金额栏的填列方法

利润表"本期金额"栏内各项数字一般应根据损益类科目的发生额分析填列，具体填列方法如下：

"营业收入"项目，反映企业经营主要业务和其他业务所确认的收入总额。本项目应根据"主营业务收入"和"其他业务收入"科目的发生额分析填列。

"营业成本"项目，反映企业经营主要业务和其他业务所发生的成本总额。本项目应根据"主营业务成本"和"其他业务成本"科目的发生额分析填列。

"营业税金及附加"项目，反映企业经营业务应负担的消费税、营业税、城市维护建设税、资源税、土地增值税和教育费附加等。本项目应根据"营业税金及附加"科目的发生额分析填列。

"销售费用"项目，反映企业在销售商品过程中发生的包装费、广告费等费用和为销售本企业商品而专设的销售机构的职工薪酬、业务费等经营费用。本项目应根据"销售费用"科目的发生额分析填列。

"管理费用"项目，反映企业为组织和管理生产经营发生的管理费用。本项目应根据"管理费用"科目的发生额分析填列。

"财务费用"项目，反映企业筹集生产经营所需资金等而发生的筹资费用。本项目应根据"财务费用"科目的发生额分析填列。

"资产减值损失"项目，反映企业各项资产发生的减值损失。本项目应根据"资产减值损失"科目的发生额分析填列。

"公允价值变动收益"项目，反映企业应当计入当期损益的资产或负债公允价值变动收益。本项目应根据"公允价值变动损益"科目的发生额分析填列。如为净损失，本项目以"－"号填列。

"投资收益"项目，反映企业以各种方式对外投资所取得的收益。本项目应根据"投资收益"科目的发生额分析填列。如为投资损失，本项目以"－"号填列。

"营业利润"项目，反映企业实现的营业利润。如为亏损，本项目以"－"号填列。

"营业外收入"项目，反映企业发生的与其生产经营业务无直接关系的各项收入。本项目应根据"营业外收入"科目的发生额分析填列。

"营业外支出"项目,反映企业发生的与其生产经营业务无直接关系的各项支出。本项目应根据"营业外支出"科目的发生额分析填列。

"利润总额"项目,反映企业实现的利润。如为亏损,本项目以"－"号填列。

"所得税费用"项目,反映企业应从当期利润总额中扣除的所得税费用。本项目应根据"所得税费用"科目的发生额分析填列。

"净利润"项目,反映企业实现的净利润。如为亏损,本项目以"－"号填列。

3. 现金流量表

现金流量表是反映企业一定会计期间现金和现金等价物流入和流出信息的报表。

现金,是指企业的库存现金以及可以随时用于支付的存款。不能随时用于支付的存款不属于现金,现金主要包括:库存现金、银行存款和其他货币资金。

现金等价物,是指企业持有的期限短、流动性强、易于转换为已知金额现金、价值变动风险很小的投资。其中,"期限短"是指从购买日起三个月内到期。

1) 基本要求

现金流量表以现金及现金等价物为基础编制,划分为经营活动、投资活动和筹资活动,按照收付实现制原则编制,将权责发生制下的盈利信息调整为收付实现制下的现金流量信息。其基本要求如下:

(1) 现金流量表应当分别按照经营活动、投资活动和筹资活动列报现金流量。

(2) 现金流量表一般应按现金流入和流出总额反映。但代客户收取或支付的现金以及周转快、金额大、期限短的项目的现金收入和现金支出,可以净额反映。

(3) 自然灾害损失、保险索赔等特殊项目,应当根据其性质,分别归并到经营活动、投资活动和筹资活动现金流量类别中单独列报。

(4) 外币现金流量以及境外子公司的现金流量,应当采用现金流量发生日的即期汇率或按照系统合理的方法确定的、与现金流量发生日即期汇率近似的汇率折算。汇率变动对现金的影响额应当作为调节项目,在现金流量表中单独列报。

2）现金流量表填列方法

（1）经营活动产生的现金流量

企业应当采用直接法列示经营活动产生的现金流量。经营活动，是指企业除投资活动和筹资活动以外的所有交易和事项。直接法，是指通过现金收入和现金支出的主要类别列示经营活动现金流量的方法。

"销售商品、提供劳务收到的现金"项目，反映企业销售商品、提供劳务实际收到的现金（含销售收入和应向购买者收取的增值税额）。包括本期销售商品、提供劳务收到的现金，以及前期销售商品、提供劳务本期收到的现金和本期预收的账款，以及本期收回前期已经核销的坏账损失，减去本期退回的本期和前期已经收取的营业款项而支付的现金。企业销售材料和代购等其他业务收到的现金，也在本项目反映。根据"现金""银行存款""应收票据""应收账款""预收账款""主营业务收入""其他业务收入"等科目的记录分析填列。

"收到的税费返还"项目，反映企业收到返还的各种税费，如收到的增值税、消费税、营业税、所得税、关税和教育费附加返还等。可以根据"现金""银行存款""营业税金及附加""营业外收入"等科目的记录分析填列。

"内部往来实际收到的现金"项目，反映企业收到的公司内部其他单位支付的现金。可以根据"现金""银行存款""内部往来"等科目的记录分析填列。在汇总报表和合并报表中该项目与"内部往来实际支付的现金"项目抵销。

"收到的其他与经营活动有关的现金"项目，反映企业除了上述各项目外，收到的其他与经营活动有关的现金流入，如罚款收入、经营租赁固定资产收到的现金、流动资产损失中由个人赔偿的现金收入、除税费返还外的其他政府补助收入等。如果价值较大的，应单列项目反映。本项目可以根据"现金""银行存款""管理费用""营业费用"等科目的记录分析填列。

"购买商品、接受劳务支付的现金"项目，反映企业购买材料、商品、接受劳务实际支付的现金，包括本期购入材料、商品、接受劳务支付的现金（包括增值税进项税额），以及本期支付前期购入商品、接受劳务的未付款项和本期预付款项。本期发生的购货退回收到的现金应从本项目内减去。本项目可以根据"现金""银行存款""应付票据""应付账款""预付账款""主营业务成本""其他业务支出"等科目的记录分析填列。

"支付给职工以及为职工支付的现金"科目,反映企业实际支付给职工的工资,以及其为职工支付的现金,包括企业为获得职工提供的服务,本期实际以各种形式支付的报酬以及其他相关支出,如支付给职工的工资、奖金、各种津贴和补贴等,以及为职工支付的其他费用。不包括支付给在建工程人员的工资。支付的在建工程人员的工资,在"购建固定资产、无形资产和其他长期资产所支付的现金"项目反映。

企业为职工支付的医疗、养老、失业、工伤和生育等社会保险基金,补充养老保险、住房公积金,企业为职工交纳的商业保险金,因解除与职工劳动关系给予的补偿,支付给职工的住房困难补助,以及支付给职工或为职工支付的其他福利费用等,应根据职工的工作性质和服务对象,分别在本项目和"购建固定资产、无形资产和其他长期资产所支付的现金"项目反映。本项目可以根据"现金""银行存款""应付职工薪酬"等科目的记录分析填列。

企业支付给离退休人员的各项费用,包括支付的统筹退休金以及未参加统筹的退休人员的费用,在"支付的其他与经营活动有关的现金"项目中反映。

"支付的各项税费"项目反映企业按规定支付的各种税费,包括本期发生并支付的税费,以及本期支付以前各期发生的税费和预交的税金,如支付的教育费附加、矿产资源补偿费、印花税、房产税、土地增值税、车船使用税、营业税、增值税和所得税等。不包括计入固定资产价值、实际支付的耕地占用税等。也不包括本期退回的增值税、所得税等。本期退回的增值税、所得税等,在"收到的税费返还"项目反映。本项目可以根据"应交税金""现金""银行存款"等科目的记录分析填列。

"内部往来实际支付的现金"项目,反映企业支付给公司内其他单位的现金。可以根据"现金""银行存款""内部往来"等科目的记录分析填列。

在汇总报表和合并报表中该项数字与"内部往来实际收到的现金"项目抵销。

"支付的其他与经营活动有关的现金"项目,反映企业除上述各项目外,支付的其他与经营活动有关的现金流出,如罚款支出、支付的差旅费、业务招待费现金支出、支付的保险费等。其他现金流出如价值较大的,应单列项目反映。本项目可以根据"现金""银行存款""营业费用""管理费用""营业外支出"等有关科目的记录分析填列。

(2) 投资活动产生的现金流量

投资活动是指企业长期资产的购建和不包括在现金等价物范围的投资及其处置活动。长期资产是指固定资产、无形资产、在建工程、其他资产等持有期限在一年或一个营业周期以上的资产。

"收回投资所收到的现金"科目,反映企业出售、转让或到期收回除现金等价物以外的交易性金融资产、其他权益投资、其他非流动金融资产、长期股权投资、投资性房地产而收到的现金。不包括长期债权投资收回的利息,收回的非现金资产以及处置子公司及其他营业单位收到的现金净额。债权性投资收回的本金,在本项目反映,债权性投资收回的利息,不在本项目反映,在"取得投资收益所收到的现金"项目中反映。处置子公司及其他营业单位收到的现金净额单设项目反映。本项目可以根据"交易性金融资产""其他权益投资""其他非流动金融资产""长期股权投资""投资性房地产""现金""银行存款"等科目的记录分析填列。

"取得投资收益所收到的现金"科目,反映企业因股权性投资而分得的现金股利,从子公司、联营企业和合营企业分回利润收到的现金,以及因债权性投资而取得的现金利息收入。股票股利不在本项目反映,而包括在现金等价物范围内的债券性投资,其利息收入在本项目反映。本项目可以根据"应收股利""应收利息""投资收益""现金""银行存款"等科目的记录分析填列。

"处置固定资产、无形资产和其他长期资产所收回的现金净额"科目,反映企业处置固定资产、无形资产和其他长期资产所取得的现金,减去为处置这些资产而支付的有关费用后的净额。由于自然灾害所造成的固定资产等长期资产损失而收到的保险赔偿收入,也在本项目反映。可以根据"固定资产清理""现金""银行存款"等科目的记录分析填列。如处置固定资产、无形资产和其他长期资产所收回的现金净额为负数,则应在"支付的其他与投资活动有关的现金"项目中反映。

"处置子公司及其他营业单位收到的现金净额"科目,反映企业处置子公司及其他营业单位所取得的现金减去子公司或其他营业单位持有的现金和现金等价物以及相关处置费用后的净额。本项目可以根据有关科目的记录分析填列。

处置子公司及其他营业单位收到的现金净额如为负数,则将该金额填列至"支付的其他与投资活动有关的现金"项目中。

"收到的其他与投资活动有关的现金"科目,反映企业除了上述各项以外,收到的其他与投资活动有关的现金流入。其他现金流入如价值较大的,应单列项目反映。本项目可以根据有关科目的记录分析填列。

"购建固定资产、无形资产和其他长期资产所支付的现金"科目,反映企业购买、建造固定资产,取得无形资产和其他长期资产所支付的现金,不包括为购建固定资产、无形资产和其他长期资产而发生的借款利息资本化的部分,以及融资租入固定资产支付的租赁费。为购建固定资产、无形资产和其他长期资产而发生的借款利息资本化部分,在"分配股利、利润或偿付利息支付的现金"项目中反映;融资租入固定资产支付的租赁费,在"支付的其他与筹资活动有关的现金"项目中反映,不在本项目反映。本项目可以根据"固定资产""在建工程""无形资产""工程物资""现金""银行存款"等科目的记录分析填列。

以分期付款方式购建的固定资产,其首次付款支付的现金在本项目中反映,以后各期支付的现金在"筹资活动产生的现金流量—支付的其他与筹资活动有关的现金"项目中反映。

"投资所支付的现金"科目,反映企业进行权益性投资和债权性投资所支付的现金,包括企业取得的除现金等价物以外的交易性金融资产、其他权益投资、其他非流动金融资产而支付的现金,以及支付的佣金、手续费等交易费用。企业购买债券的价款中含有债券利息的,以及溢价或折价购入的,均按实际支付的金额反映。

企业购买股票和债券时,实际支付的价款中包含的已宣告但尚未领取的现金股利或已到付息期但尚未领取的债券的利息,应在"支付的其他与投资活动有关的现金"项目中反映;收回购买股票和债券时支付的已宣告但尚未领取的现金股利或已到付息期但尚未领取的债券的利息,应在"收到的其他与投资活动有关的现金"项目反映。

本项目可以根据"交易性金融资产""其他权益投资""其他非流动金融资产""投资性房地产""长期股权投资""现金""银行存款"等科目的记录分析填列。

"取得子公司及其他营业单位支付的现金净额"科目,反映企业取得子公司及其他营业单位购买出价中以现金支付的部分,减去子公司及其他营业单位持有的现金和现金等价物后的净额。本项目可以根据有关科目的记录分析填列。取得子公司及其他营业单位支付的现金净额若为负数的,应在"收到的其他与投资活动有关的现金"项目中反映。

"支付的其他与投资活动有关的现金"科目,反映企业除了上述各项以外,支付的其他与投资活动有关的现金流出。可以根据有关科目的记录分析填列。其他现金流出如价值较大的,应单列项目反映。

(3) 筹资活动产生的现金流量

"吸收投资所收到的现金"科目,反映企业收到的投资者投入的现金,包括以发行股票、债券等方式筹集的资金实际收到款项净额(发行收入减去支付的佣金等发行费用后的净额)。以发行股票、债券等方式筹集资金而直接支付的审计、咨询等费用,在"支付的其他与筹资活动有关的现金"项目反映,不从本项目内减去。可以根据"实收资本(或股本)""资本公积""现金""银行存款"等科目的记录分析填列。

"借款所收到的现金"科目,反映企业举借各种短期、长期借款所收到的现金。可以根据"短期借款""长期借款""交易性金融负债""现金""银行存款"等科目的记录分析填列。

"收到的其他与筹资活动有关的现金"科目,反映企业除上述各项目外,收到的其他与筹资活动有关的现金流入,其他现金流入如价值较大的,应单列项目反映。本项目可根据"现金""银行存款"等有关科目的记录分析填列。

"偿还债务所支付的现金"科目,反映企业以现金偿还债务的本金,包括偿还金融企业的借款本金和偿还企业到期的债券本金等。企业偿还的借款利息、债券利息,在"分配股利、利润或偿付利息所支付的现金"项目中反映,不在本项目反映。可以根据"短期借款""长期借款""交易性金融负债""现金""银行存款"等科目的记录分析填列。

"分配股利、利润或偿付利息所支付的现金"科目,反映企业实际支付的现金股利以及支付的借款利息、债券利息等。不同用途的借款,其利息的开支渠道不一样,如在建工程、财务费用等,均在本项目中反映。本项目可以根据"应付股利""应付利息""利润分配""财务费用""在建工程""制造费用""研发支出""现金""银行存款"等科目的记录分析填列。

"支付的其他与筹资活动有关的现金"科目,反映企业除了上述各项外,支付的其他与筹资活动有关的现金,如以发行股票、债券等方式筹集资金而由企业直接支付的审计、咨询等费用,融资租赁所支付的现金以及以分期付款方式购建固定资产以后各期支付的现金等。其他现金流出如价值较大的,应单列项目反映。本项目可以根据"现金""银行存款"等有关科目的记录分析填列。

(4)汇率变动对现金及现金等价物的影响

"汇率变动对现金的影响"科目,反映企业外币现金流量及境外子公司的现金流量折算为人民币时,采用平均汇率折算的人民币金额与"现金及现金等价物净增加额"中外币现金净增加额按期末汇率折算的人民币金额之间的差额。

4. 所有者权益变动表

1)所有者权益变动表的内容和结构

(1)所有者权益变动表反映构成所有者权益的各组成部分当期的增减变动情况。在一定程度上体现了企业综合收益。综合收益,是指企业在某一期间与所有者之外的其他方面进行交易或发生其他事项所引起的净资产变动。其构成包括两部分:净利润和直接计入所有者权益的利得和损失。用公式表示如下:

综合收益 = 净利润 + 其他综合收益

其中净利润 = 收入 − 费用 + 直接计入当期损益的利得和损失

当期损益、其他综合收益、与所有者(或股东,下同)的资本交易导致的所有者权益的变动,应当分别列示。

(2)所有者权益变动表应当单独列示反映下列信息的项目。

①净利润;②其他综合收益;③会计政策变更和差错更正的累积影响金额;

④所有者投入资本和向所有者分配利润等；⑤按照规定提取的盈余公积；⑥实收资本（或股本）、资本公积、盈余公积；⑦未分配利润的期初和期末余额及其调节情况。

2）所有者权益变动表各项目的填列方法

（1）上年金额栏的填列报方法

所有者权益变动表"上年金额"栏内各项数字，应根据上年度所有者权益变动表"本年金额"栏内所列数字填列。如果上年度所有者权益变动表规定的各个项目的名称和内容同本年度不相一致，应对上年度所有者权益变动表各项目的名称和数字按本年度的规定进行调整，填入所有者权益变动表"上年金额"栏内。

（2）本年金额栏的填列报方法

所有者权益变动表"本年金额"栏内各项数字，一般应根据"实收资本（或股本）""资本公积""其他综合收益""专项储备""盈余公积""利润分配""库存股""以前年度损益调整"等科目的发生额分析填列。

3）所有者权益变动表各项目填列说明

（1）"上年年末余额"项目，反映企业上年资产负债表中实收资本（或股本）、资产公积、其他综合收益、专项储备、盈余公积、未分配利润的年末余额。

（2）"会计政策变更"和"前期差错更正"项目，分别反映企业采用追溯调整法处理的会计政策变更的累计影响金额和采用追溯重述法处理的会计差错更正的累计影响金额。本项目根据"其他综合收益""专项储备""盈余公积""利润分配""以前年度损益调整"等科目的发生额分析填列。

（3）"本年增减变动额"科目分别反映如下内容：

①"综合收益总额"科目，反映企业当年实现的净利润（或净亏损）及计入其他综合收益的金额，净利润（或净亏损）对应列在"未分配利润"栏，其他综合收益，对应列在其他综合收益栏。

②"所有者投入和减少资本"科目，反映企业当年所有者投入和减少的资本。其中：

"所有者投入资本"项目，反映企业接受投资者投入形成的实收资本（或股本)和资本溢价或股本溢价,并对应列在"实收资本"和"资本公积"栏。

"股份支付计入所有者权益的金额"项目,反映企业处于等待期中的权益结算的股份支付当年计入资本公积的金额,并对应列在"资本公积"栏。

③"专项储备"项目,反映企业当年专项储备的计提和使用情况。

④"利润分配"下各项目,反映当年对所有者(或股东)分配的利润(或股利)金额和按照规定提取的盈余公积金额,并对应列在"未分配利润""盈余公积"栏。其中:

"提取盈余公积"项目,反映企业按照规定提取的盈余公积。

"对所有者(或股东)的分配"项目,反映企业对所有者(或股东)分配的利润(或股利)金额。

⑤"所有者权益内部结转"下各项目,反映不影响当年所有者权益总额的所有者权益各组成部分之间当年的增减变动,包括资本公积转增资本(或股本)、盈余公积转增资本(或股本)和盈余公积弥补亏损等项金额。其中:

"资本公积转增资本(或股本)"项目,反映企业以资本公积转增资本或股本的金额。

"盈余公积转增资本(或股本)"项目,反映企业以盈余公积转增资本或股本的金额。

"盈余公积弥补亏损"项目,反映企业以盈余公积弥补亏损的金额。

企业的净利润及其分配情况作为所有者权益变动的组成部分,不需要单独设置利率分配表列示。

5.财务报表附注

企业应当按照规定披露附注信息,主要包括下列内容。

1)企业的基本情况:

(1)企业注册地、组织形式和总部地址。

(2)企业的业务性质和主要经营活动。

(3)母公司以及公司最终母公司的名称。

2)财务报表的编制基础。

3)遵循《企业会计准则》的声明,包括财务报表项目的计量基础和会计政策的确定依据等。

4）重要会计政策和会计估计，包括下一会计期间内很可能导致资产、负债账面价值重大调整的会计估计的确定依据等。

5）会计政策和会计估计变更以及差错更正的说明。

6）报表重要项目的说明，对已在资产负债表、利润表、现金流量表和所有者权益变动表中列示的重要项目的进一步说明，包括终止经营税后利润的金额及其构成情况等。

7）企业应当按照现金流量表附注规定的格式披露与现金流量表有关的信息。

8）或有和承诺事项、资产负债表日后非调整事项、关联方关系及其交易等需要说明的事项。

9）企业应当在附注中披露在资产负债表日后、财务报告批准报出日前提议或宣布发放的股利总额和每股股利金额（或向投资者分配的利润总额）。